COURS

DE

MATHÉMATIQUES

A L'USAGE DE

L'INGÉNIEUR CIVIL,

PAR J. ADHÉMAR.

SUPPLÉMENT

AU TRAITÉ

DE GÉOMÉTRIE DESCRIPTIVE.

EXERCICES, ÉPURES DE CONCOURS ET QUESTIONS D'EXAMEN.

PARIS.

MATHIAS, LIBRAIRE, QUAI MALAQUAIS, 15.

1857

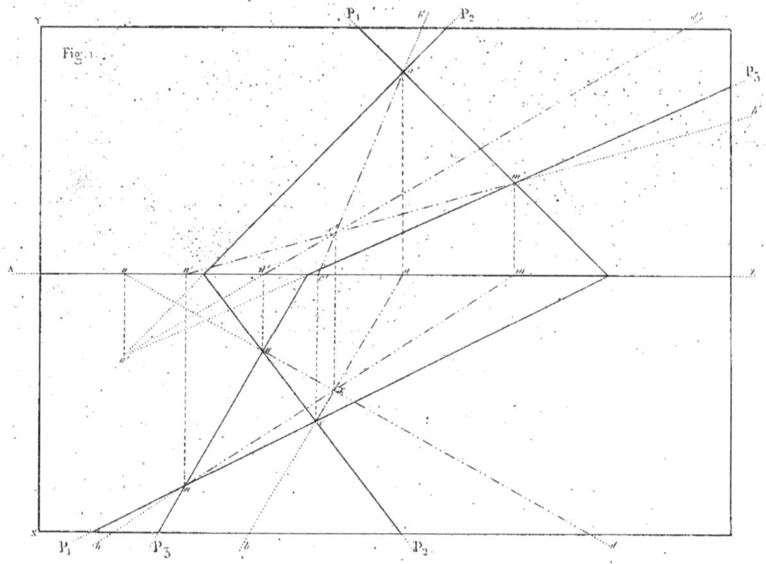
Fig. 1.
P_1
P_2
P_3
P_1
P_3
P_2

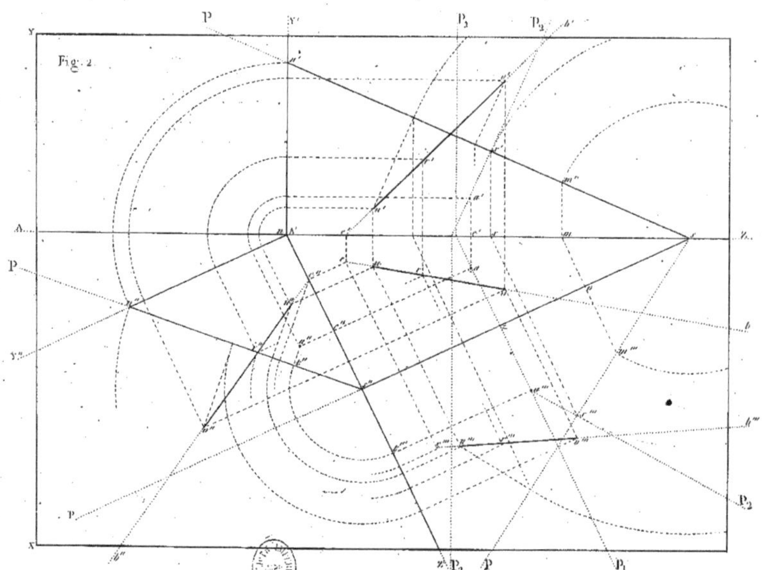
Fig. 2.
P
P_3
P_2
P
P_2
P
P_2
P
P_1

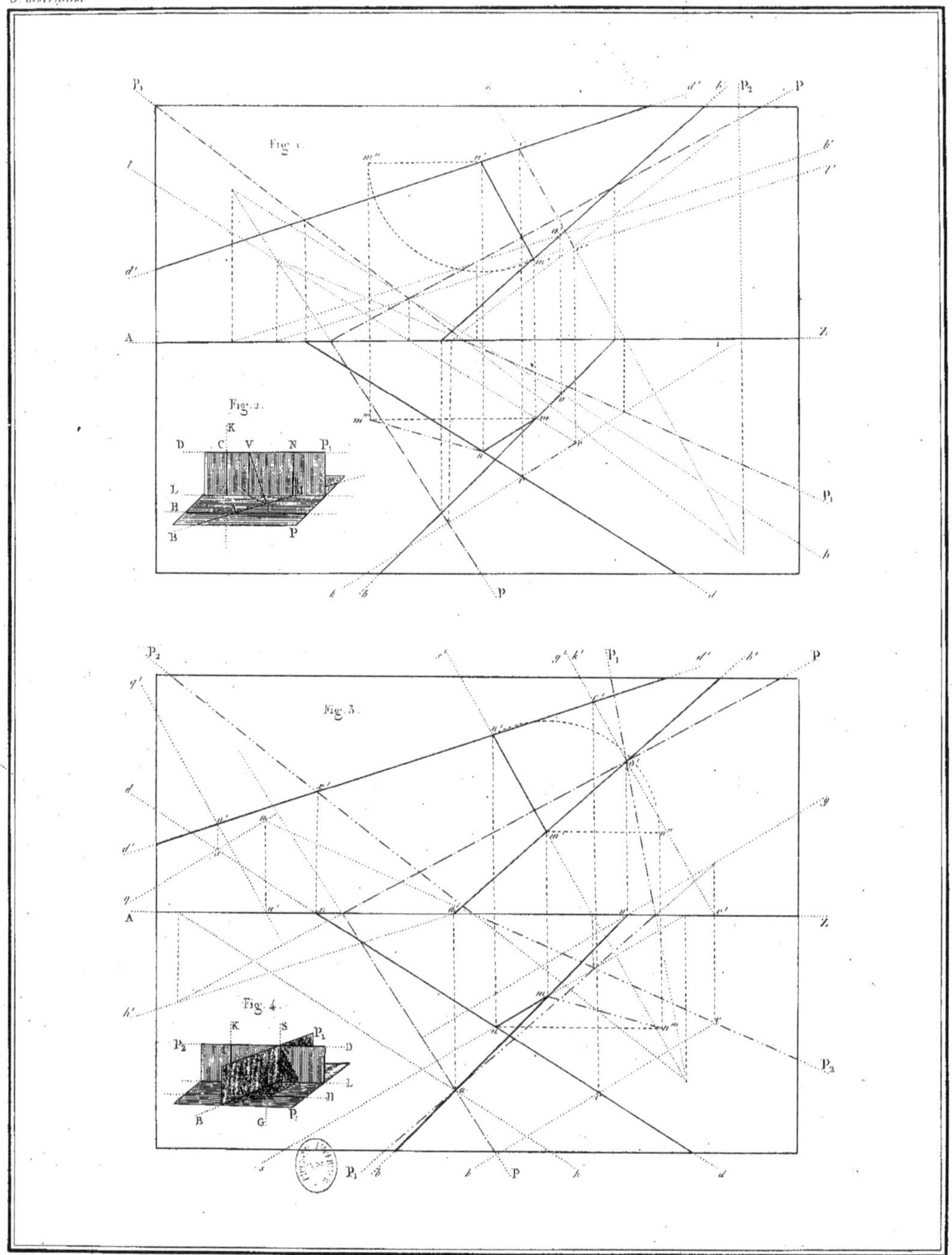

Adhémar del.

Hte Dorau sc.

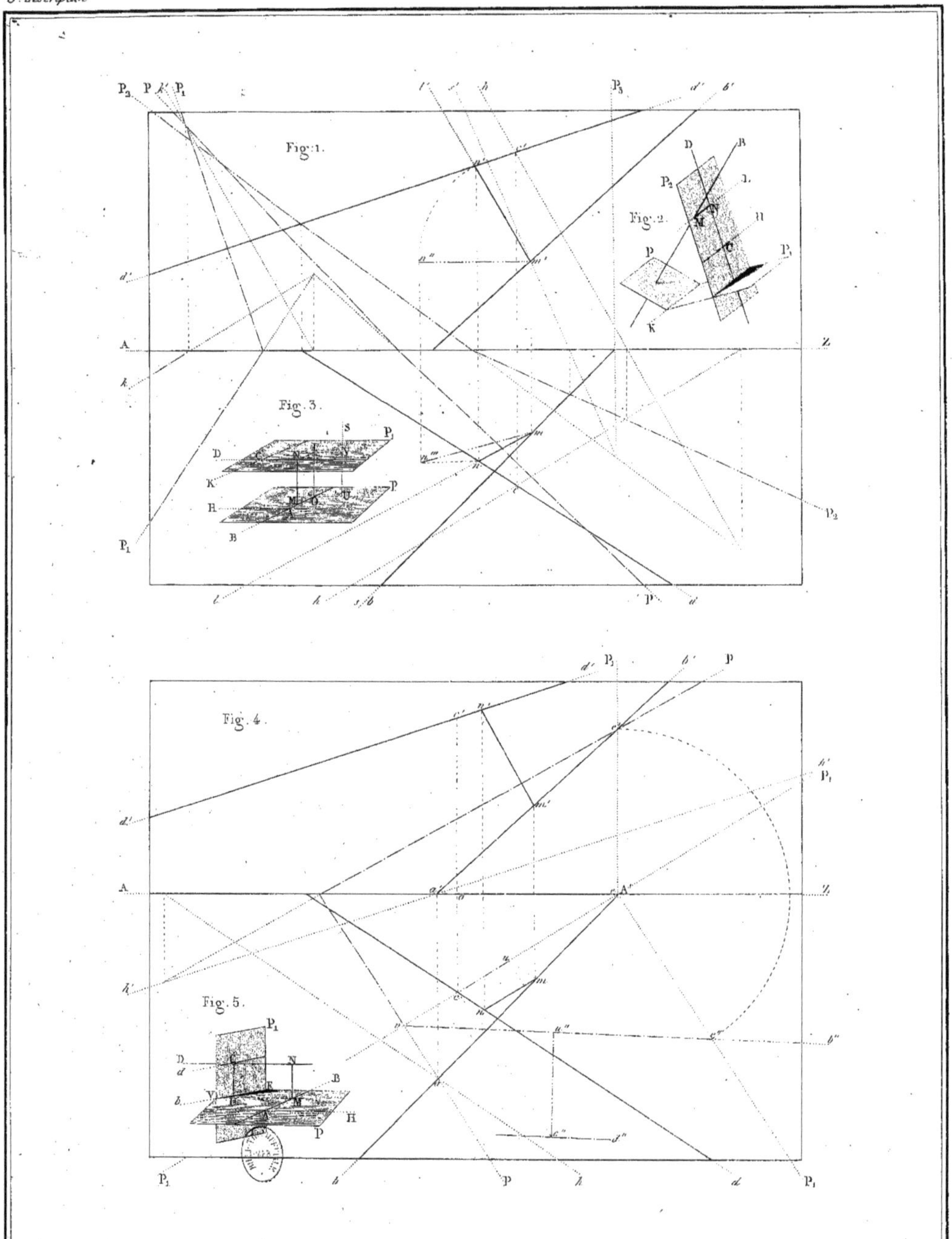

Adhémar del. Bri. Duvau sc.

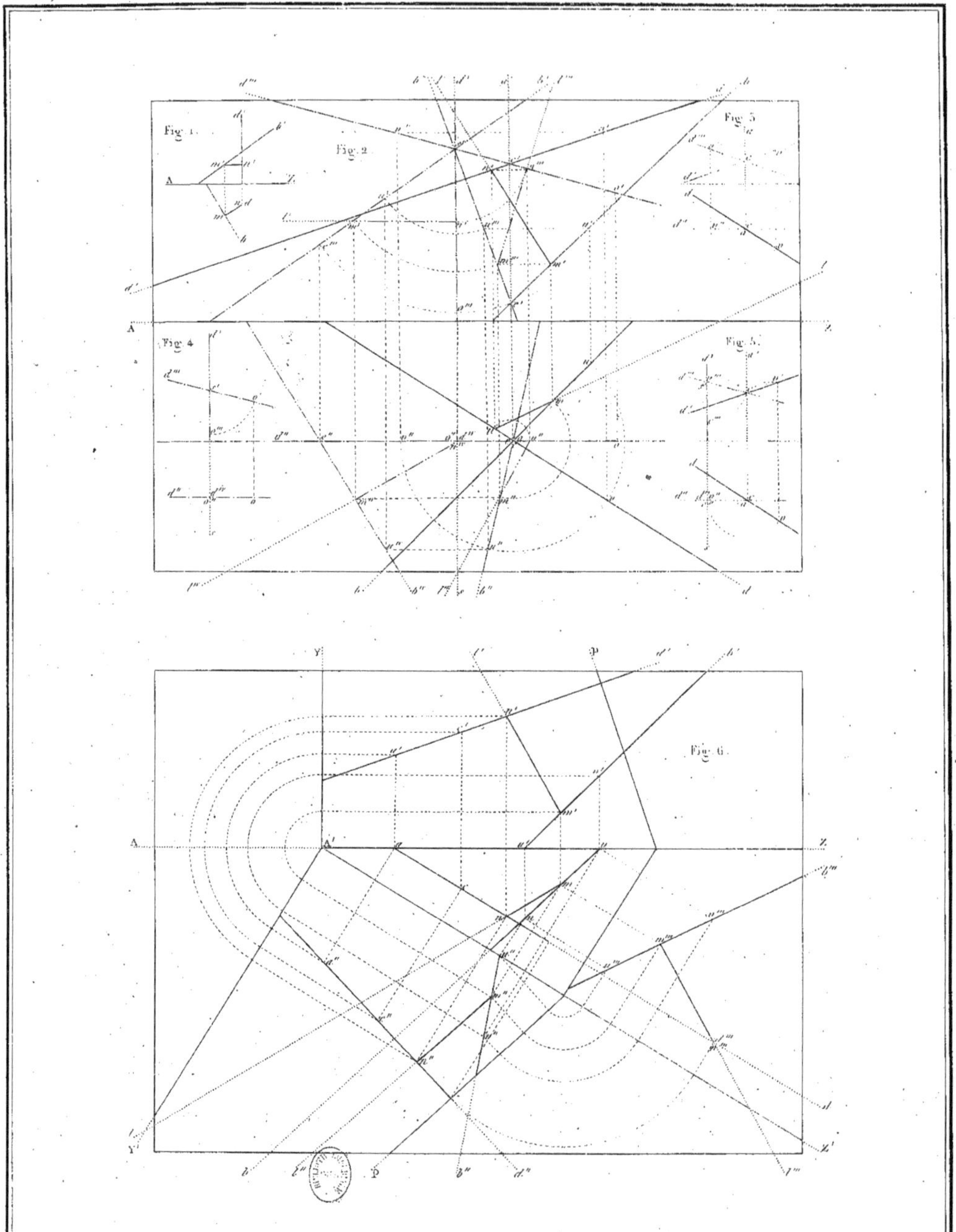

Adhémar del. H.te Duran sc.

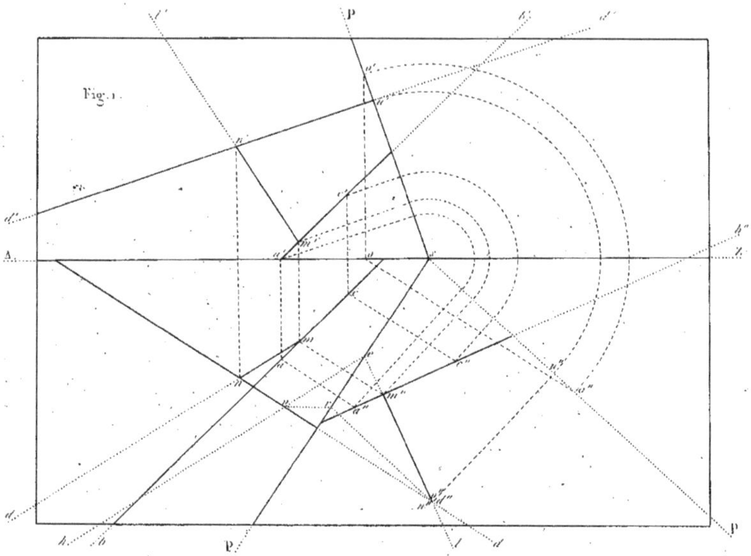
Fig. 1.
A
Z
P
d'
d
h
b
l

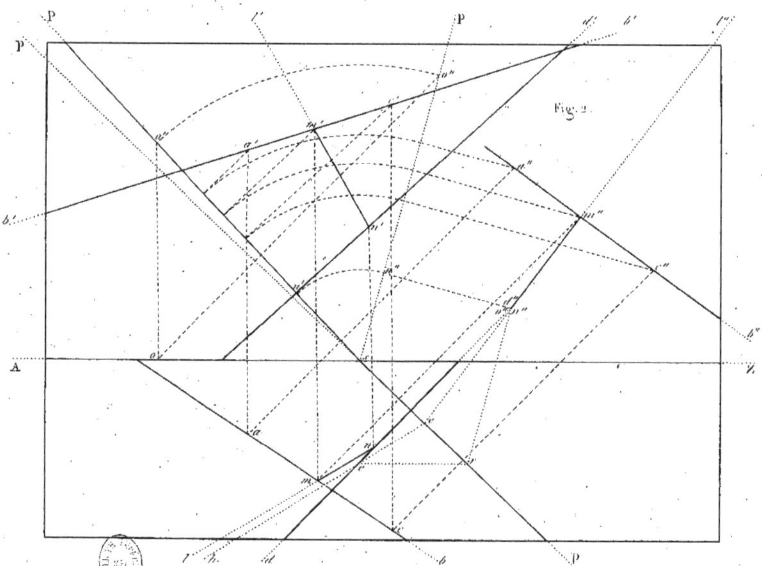
Fig. 2.
A
Z
P
b'
b''
h''
l
h
d
b

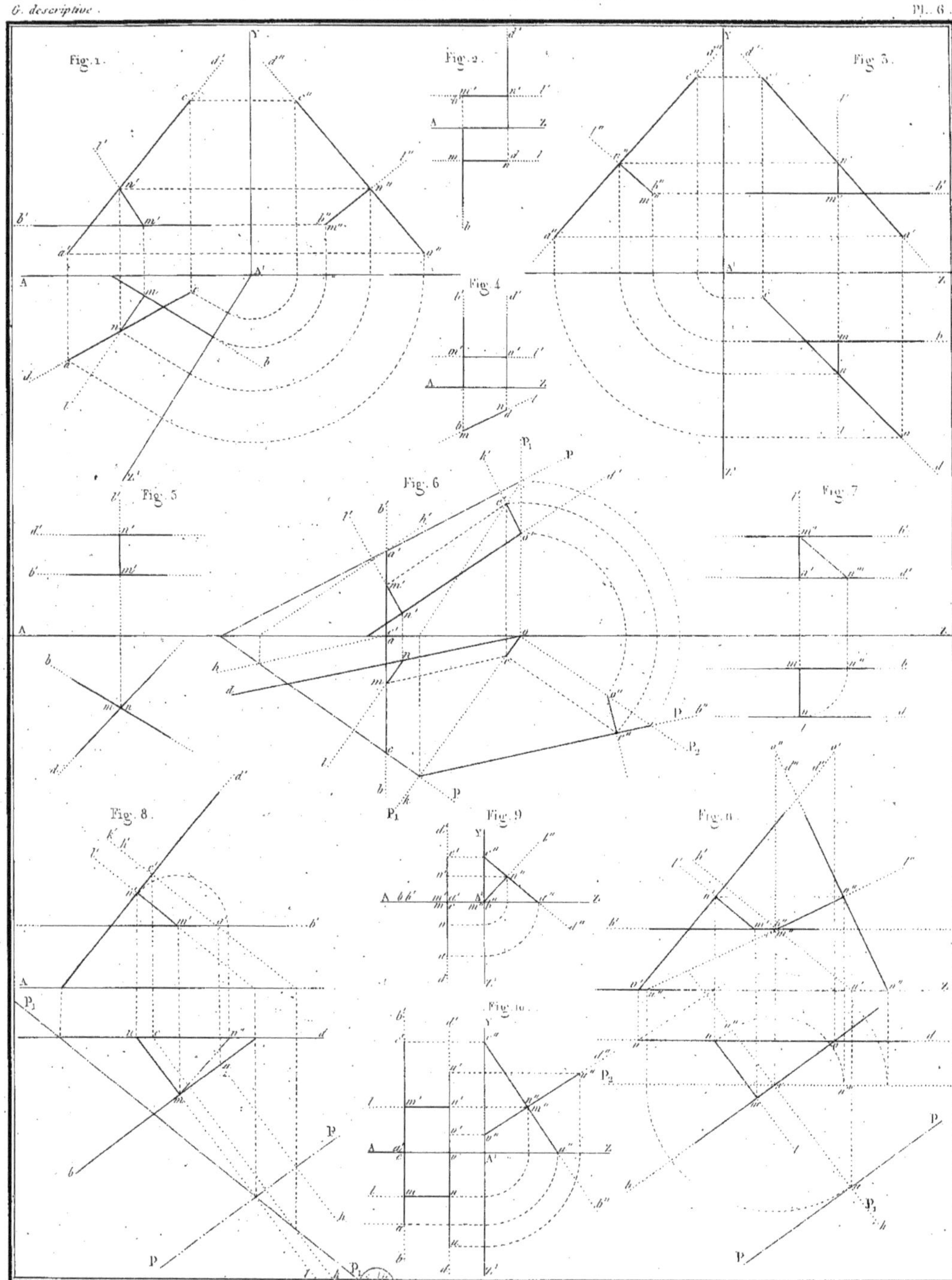

Adhémar del. Hte Duran sc.

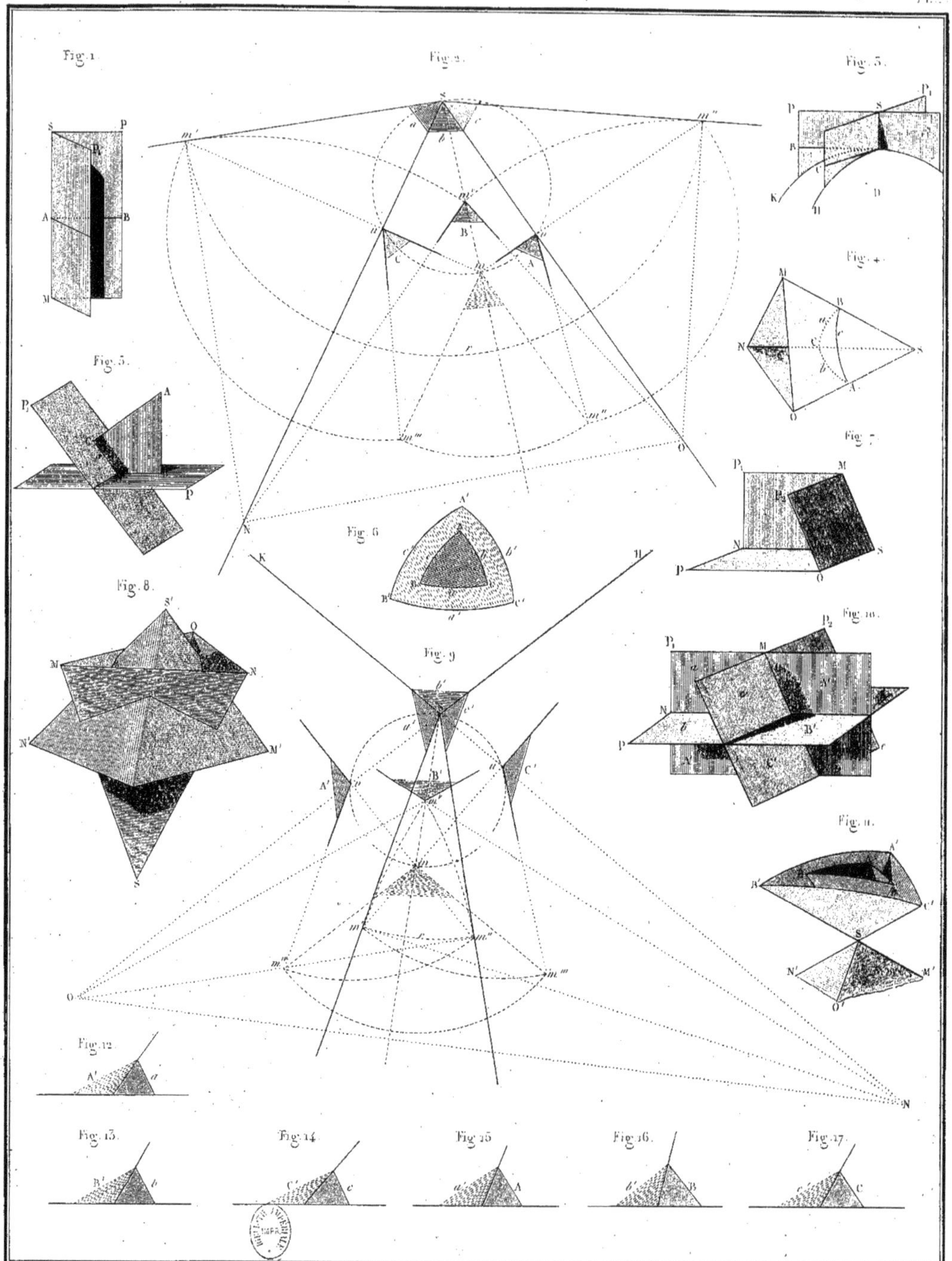

Jubenau del. H. Duran sc.

Fig. 1. Fig. 2.

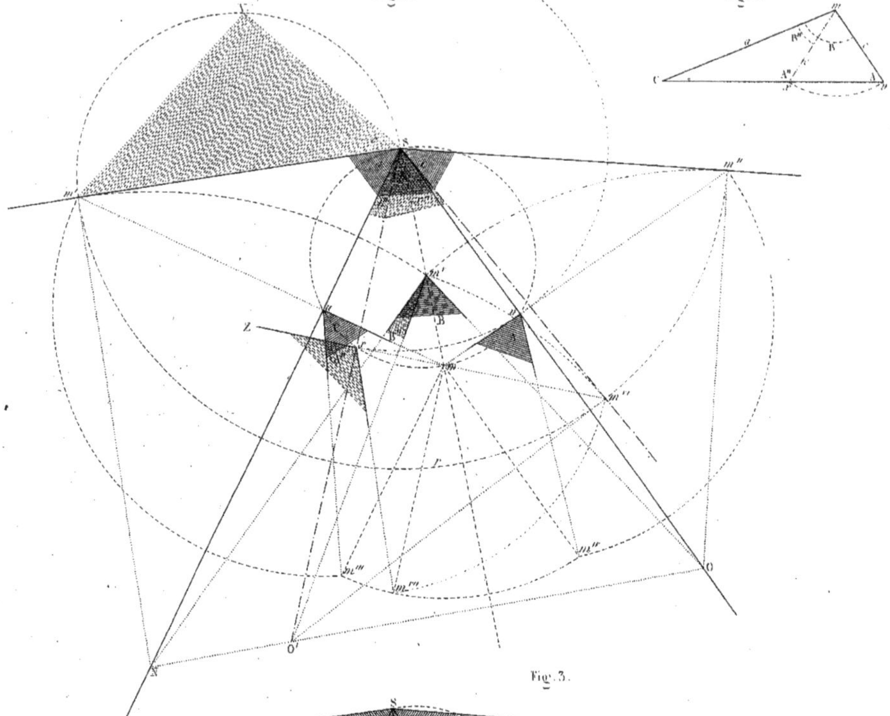

Fig. 3.

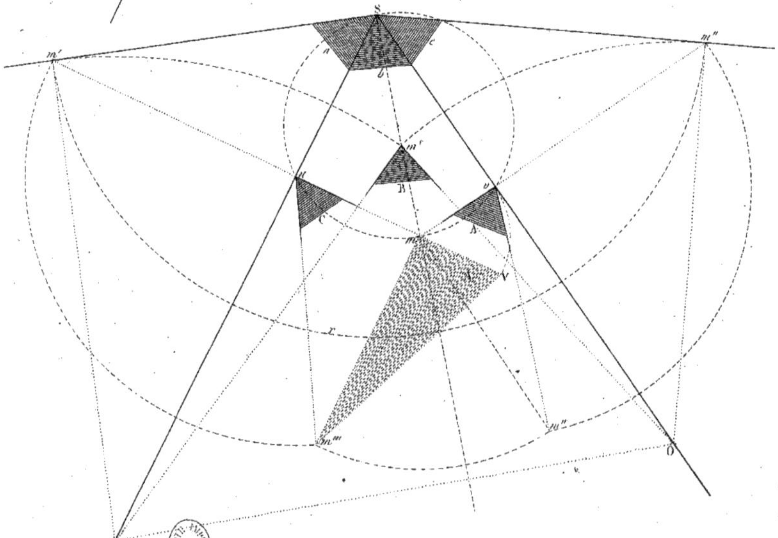

Adhémar del. Guiguet fils sc.

Fig. 1.

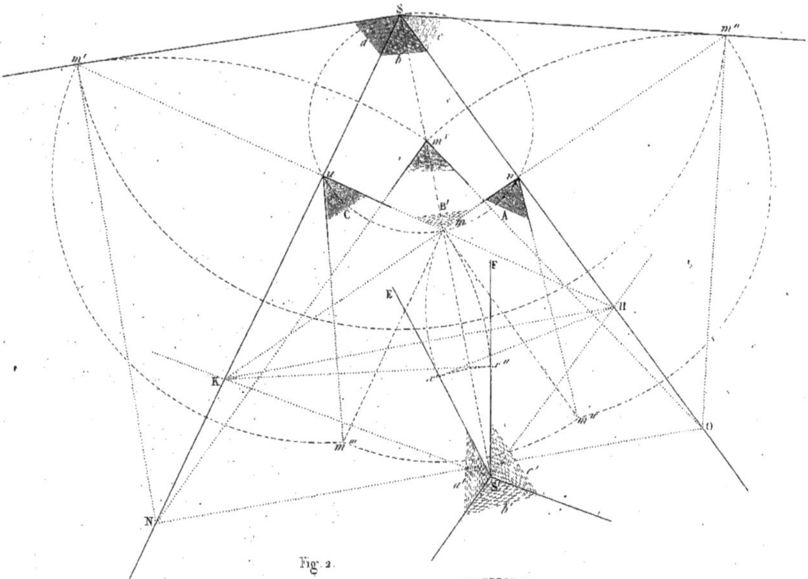

Fig. 2.

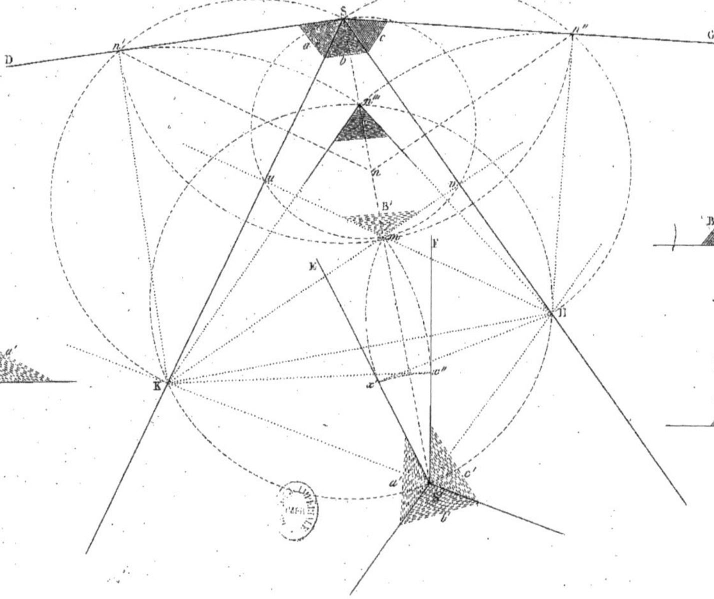

Fig. 3.

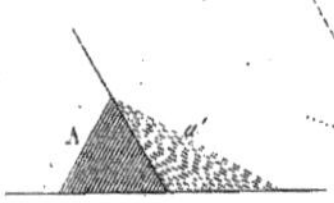

Fig. 4.

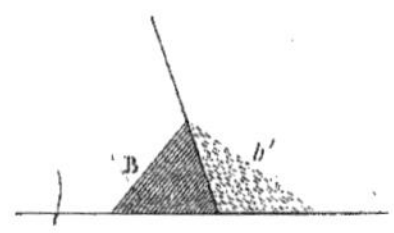

Fig. 5.

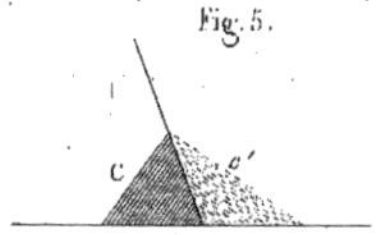

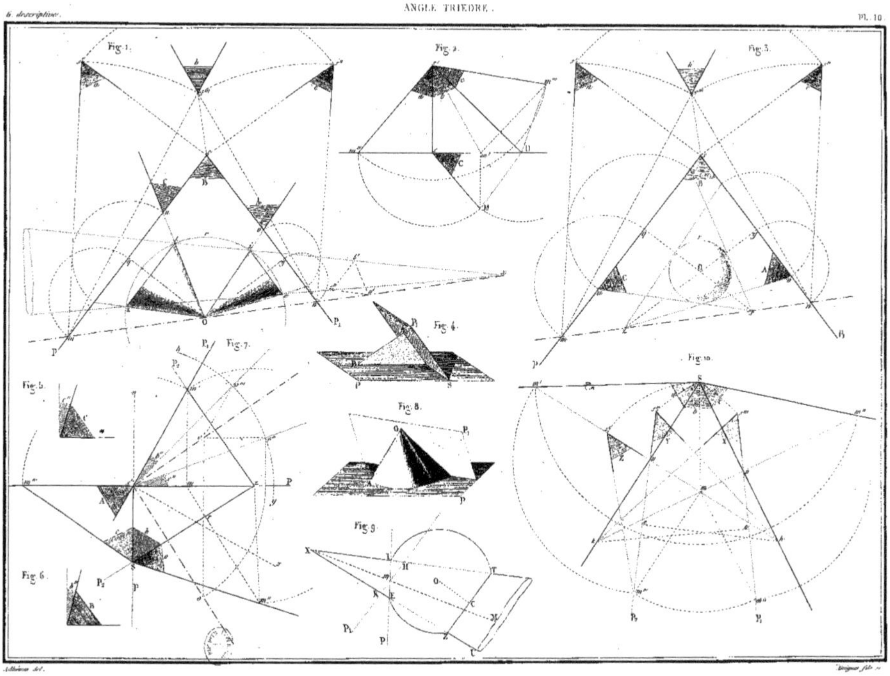

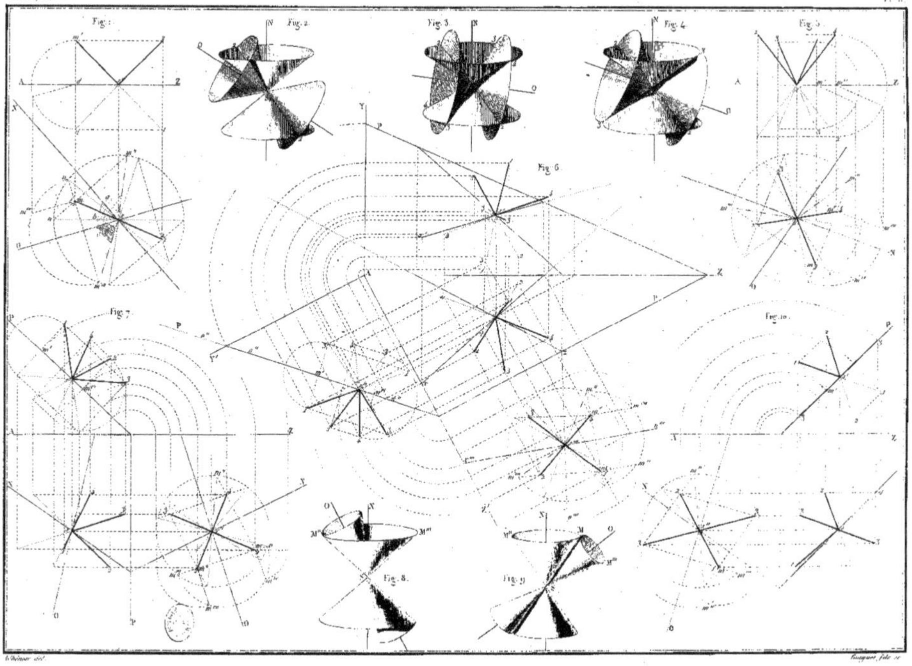
Fig. 1.
Fig. 2.
Fig. 3.
Fig. 4.
Fig. 5.
Fig. 6.
Fig. 7.
Fig. 8.
Fig. 9.
Fig. 10.

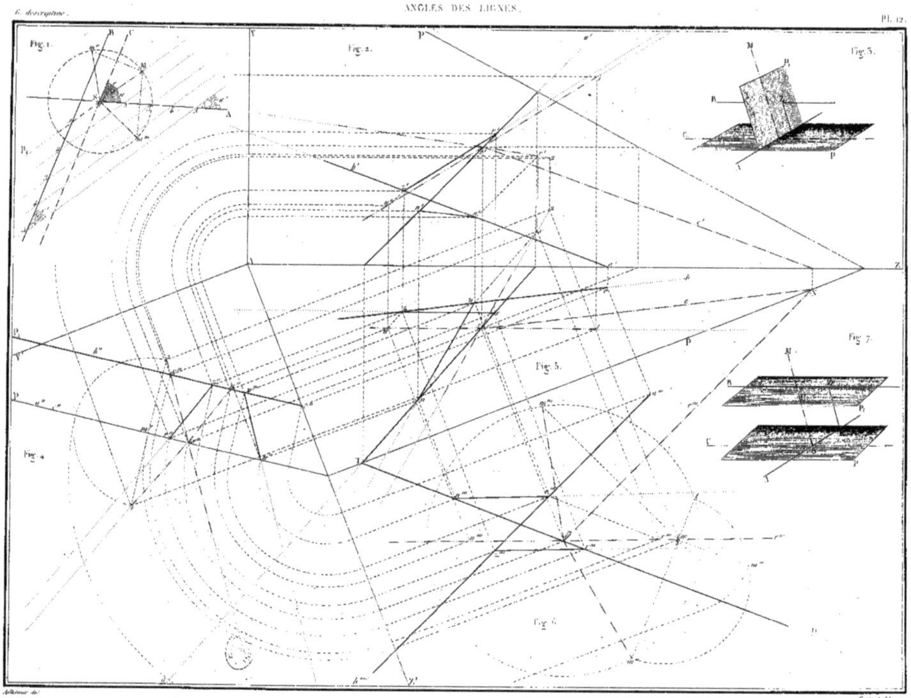
Fig. 1.
Fig. 2.
Fig. 3.
Fig. 4.
Fig. 5.
Fig. 6.
Fig. 7.

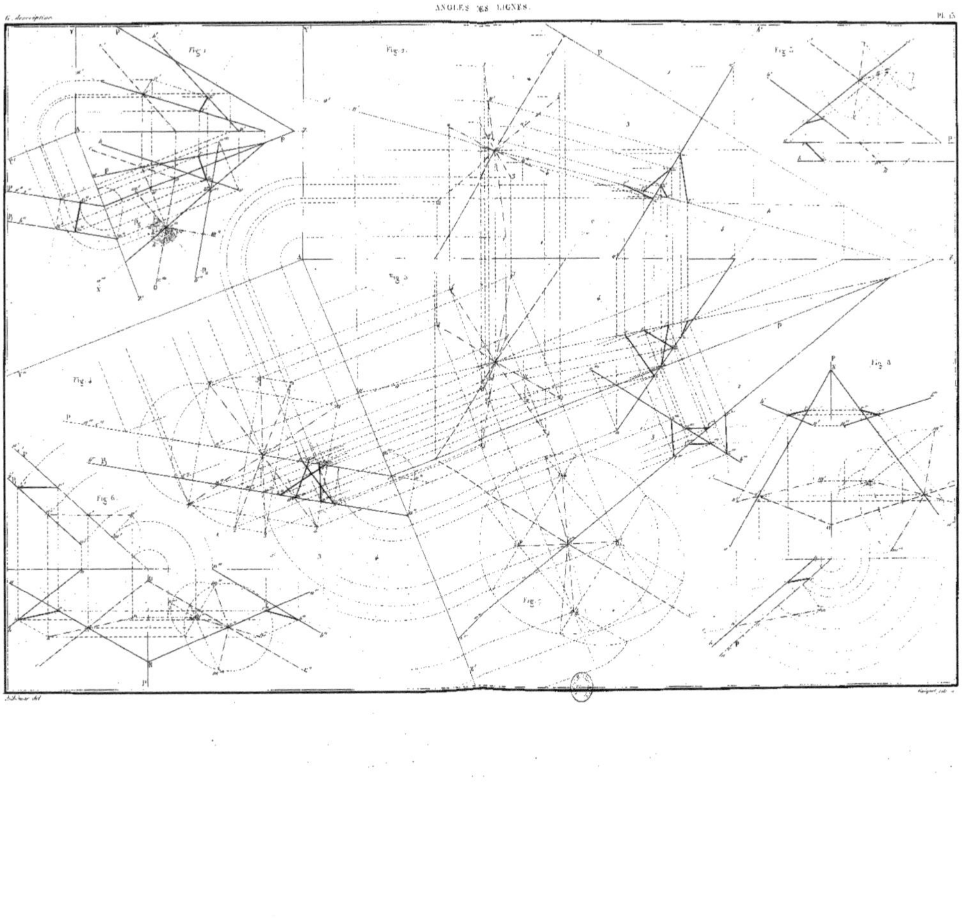

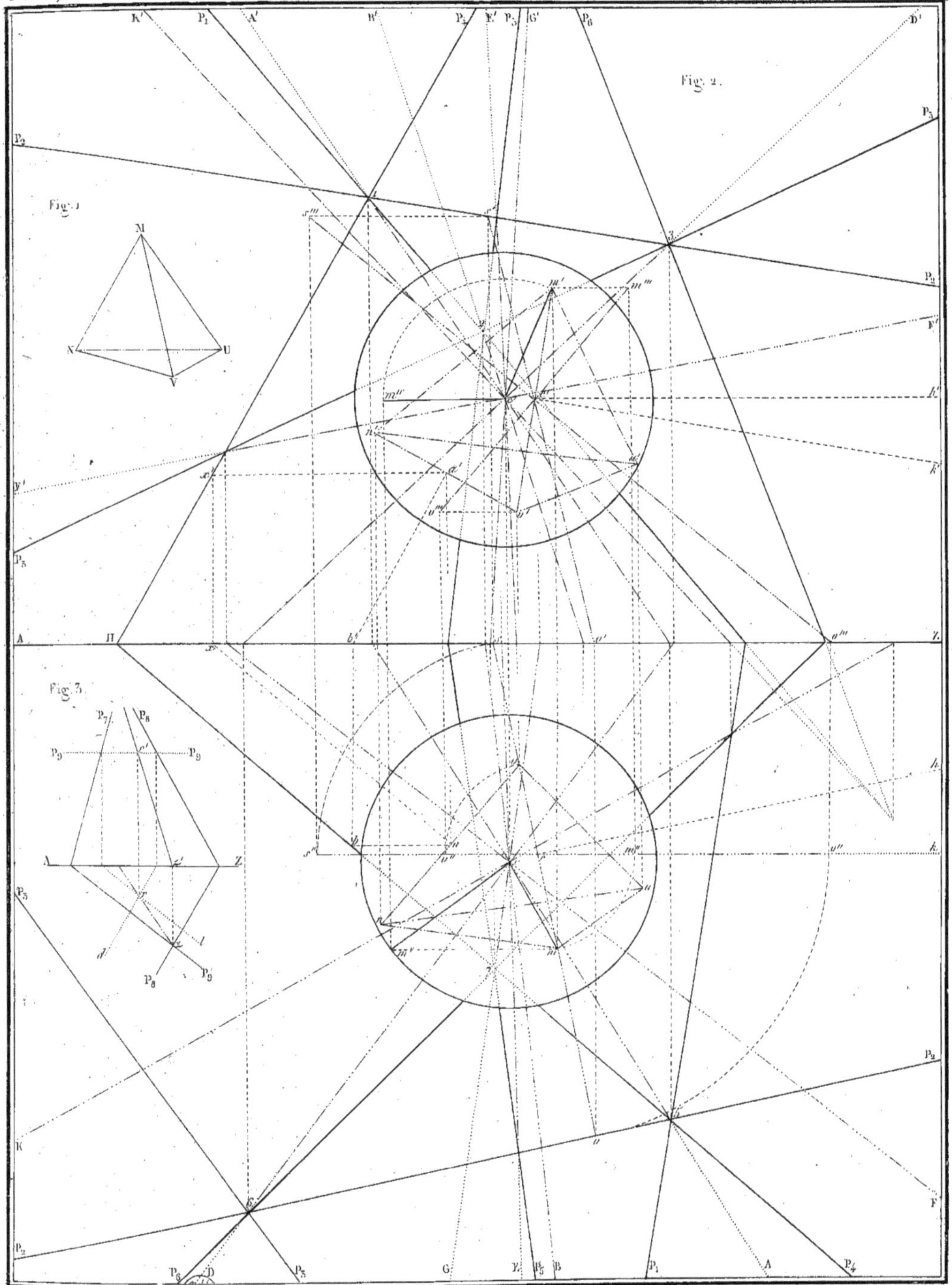

Adhémar del.   Guiguet, fils sc.

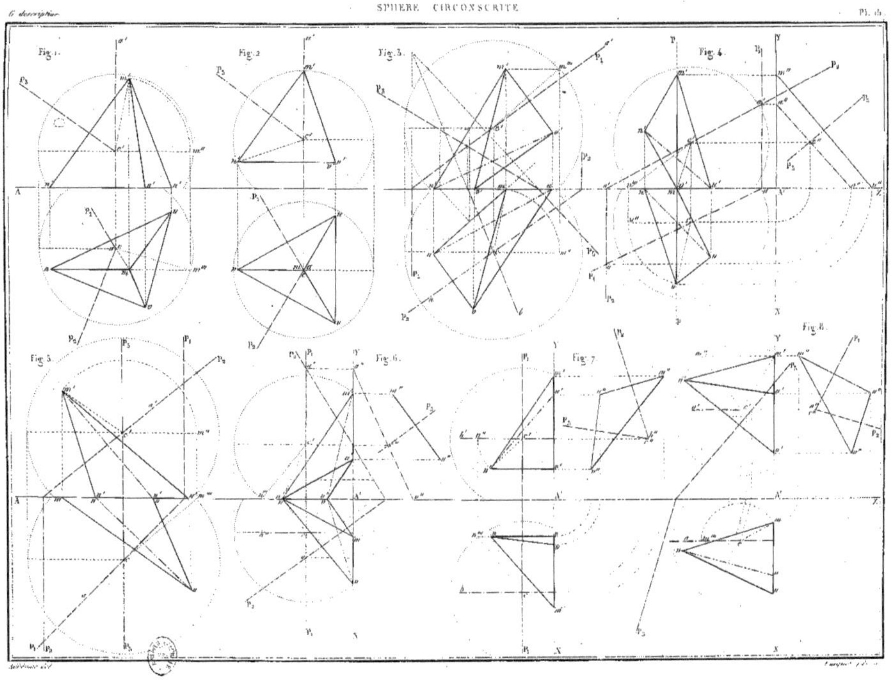

Courbes du 2ème degré

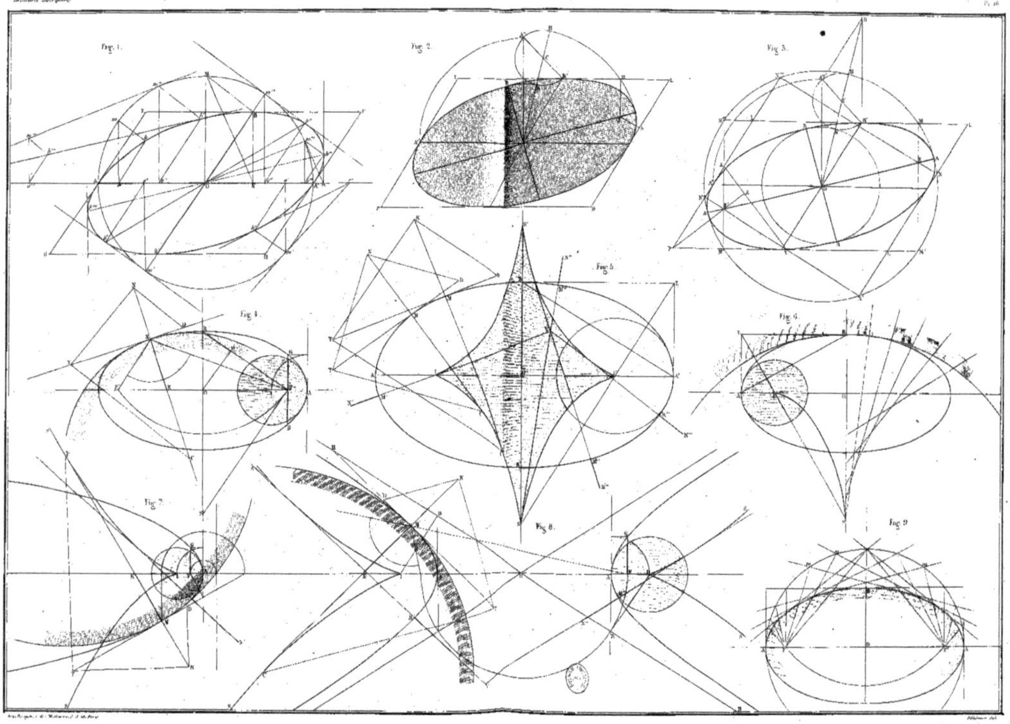

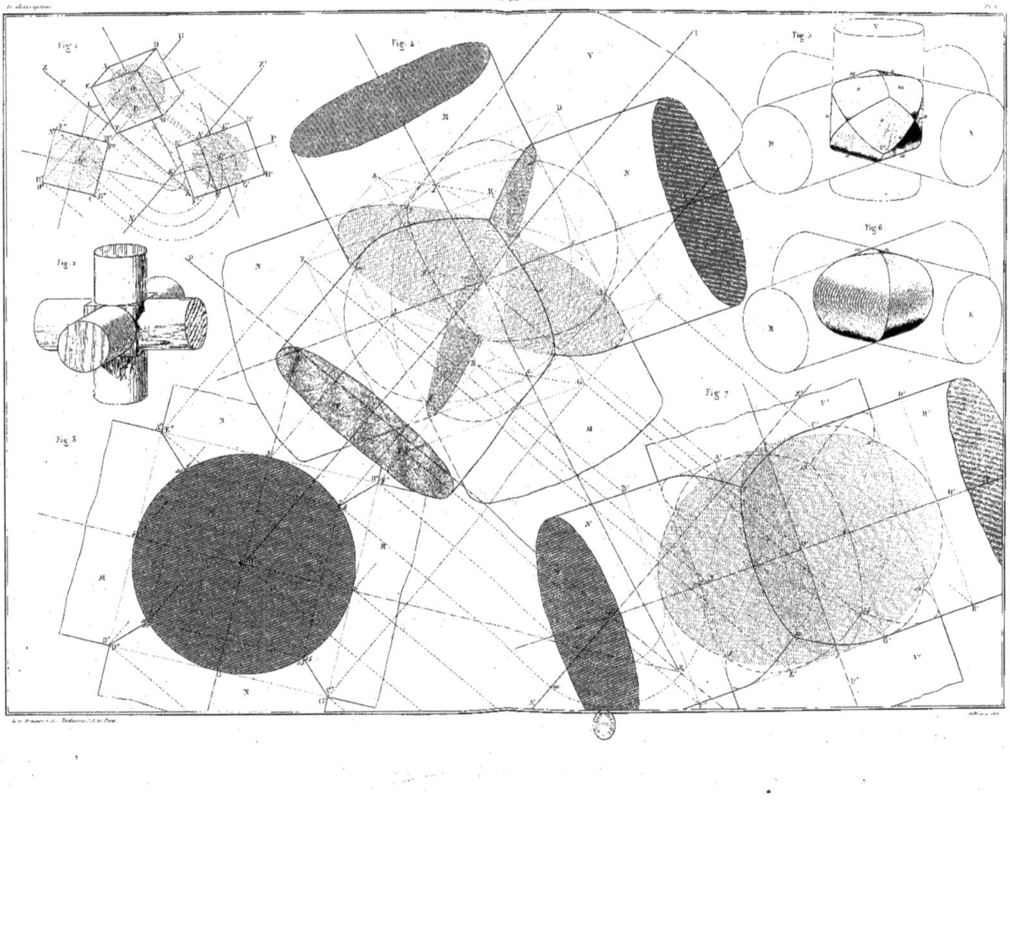
Fig. 1
Fig. 2
Fig. 3
Fig. 4
Fig. 5
Fig. 6
Fig. 7

Sections planes des surfaces coniques.

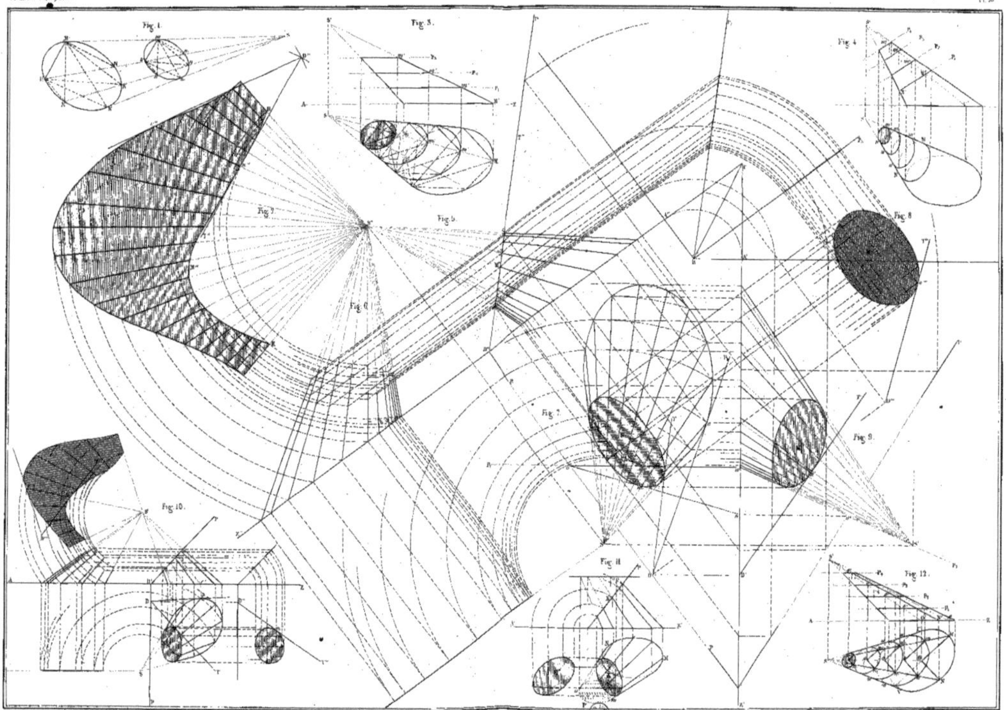

Sections planes du cône elliptique

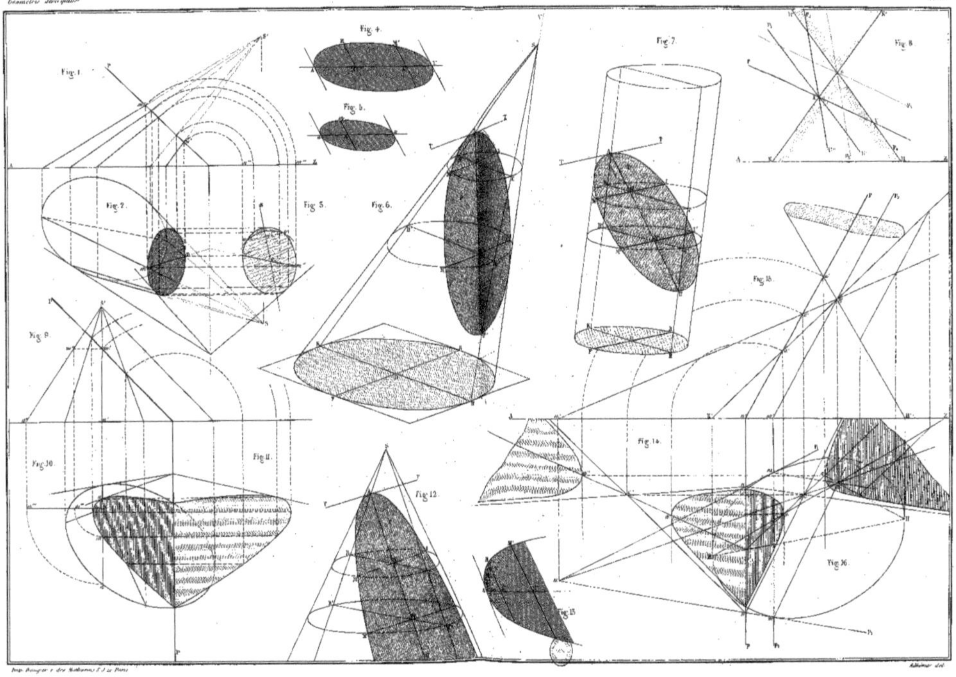

Sections planes des cônes elliptiques et circulaires

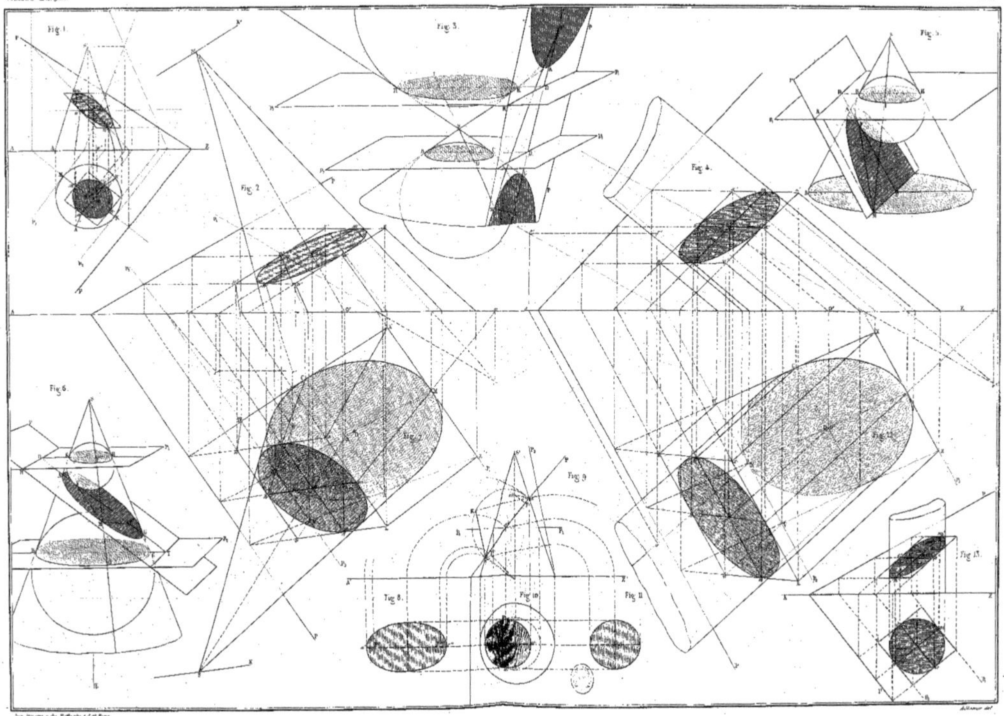

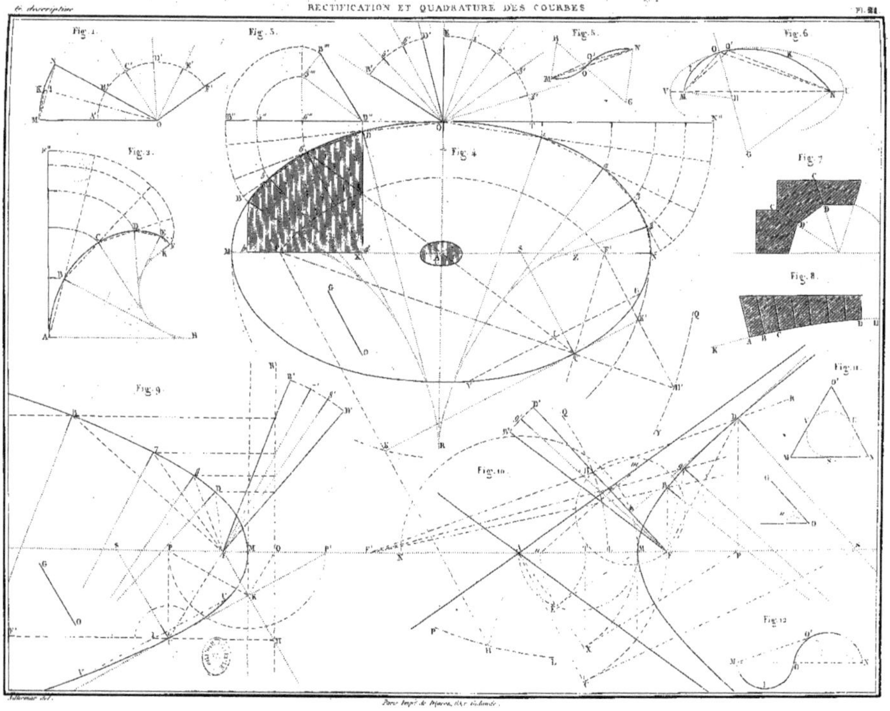
Fig. 1.
Fig. 2.
Fig. 3.
Fig. 4.
Fig. 5.
Fig. 6.
Fig. 7.
Fig. 8.
Fig. 9.
Fig. 10.
Fig. 11.
Fig. 12.

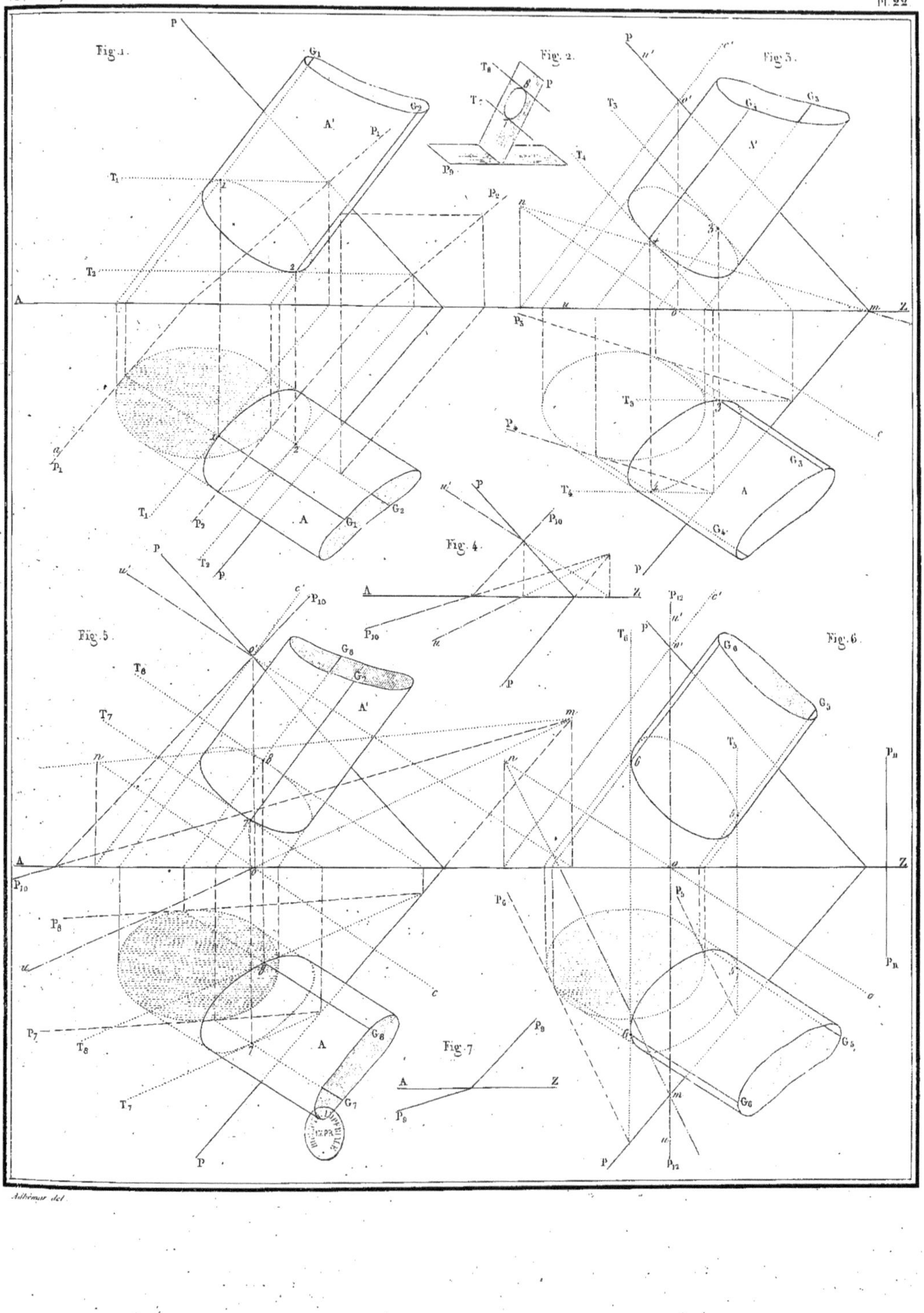
Fig. 1.
Fig. 2.
Fig. 3.
Fig. 4.
Fig. 5.
Fig. 6.
Fig. 7.

TANGENTES AUX COURBES DE SECTIONS

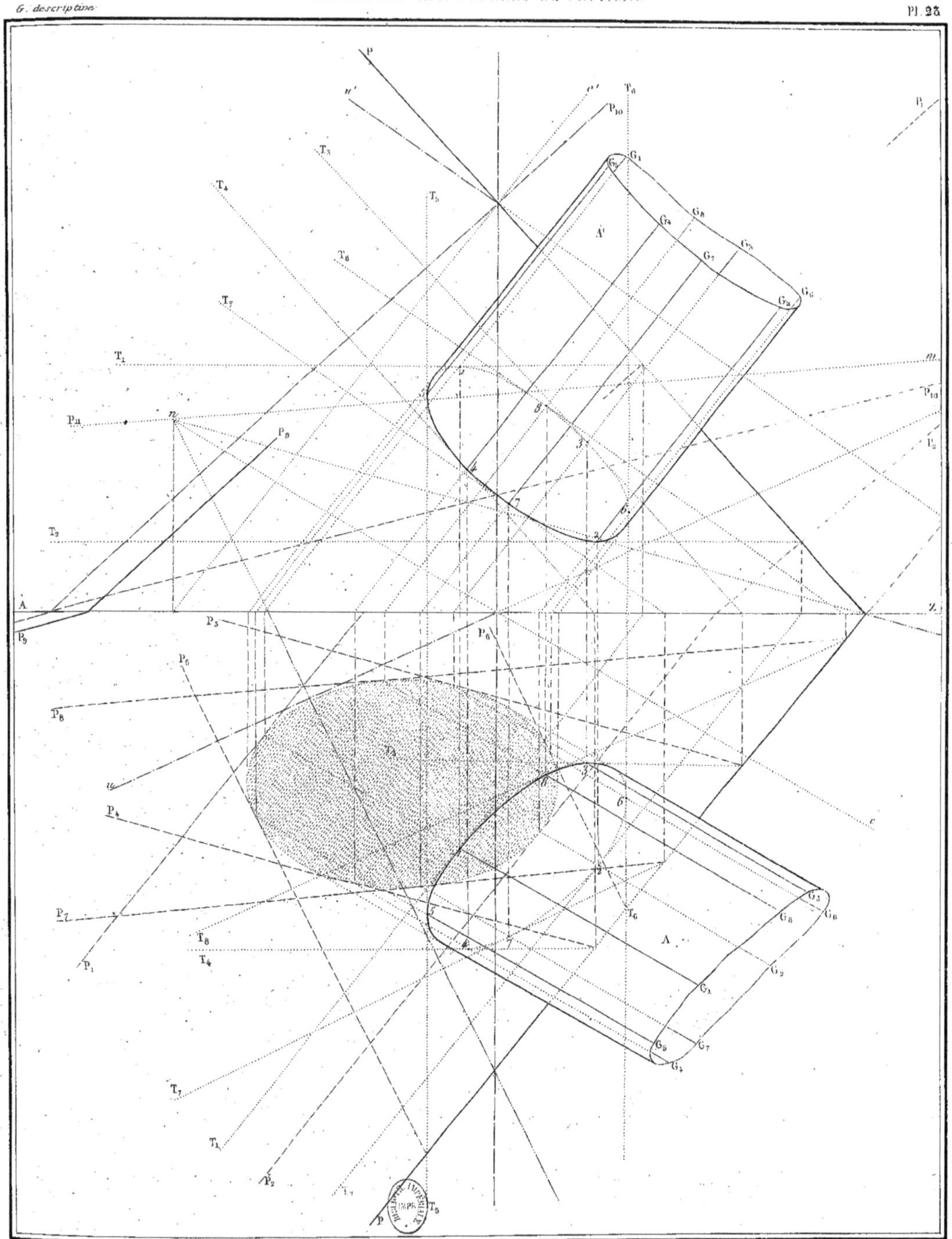

Adhémar del.

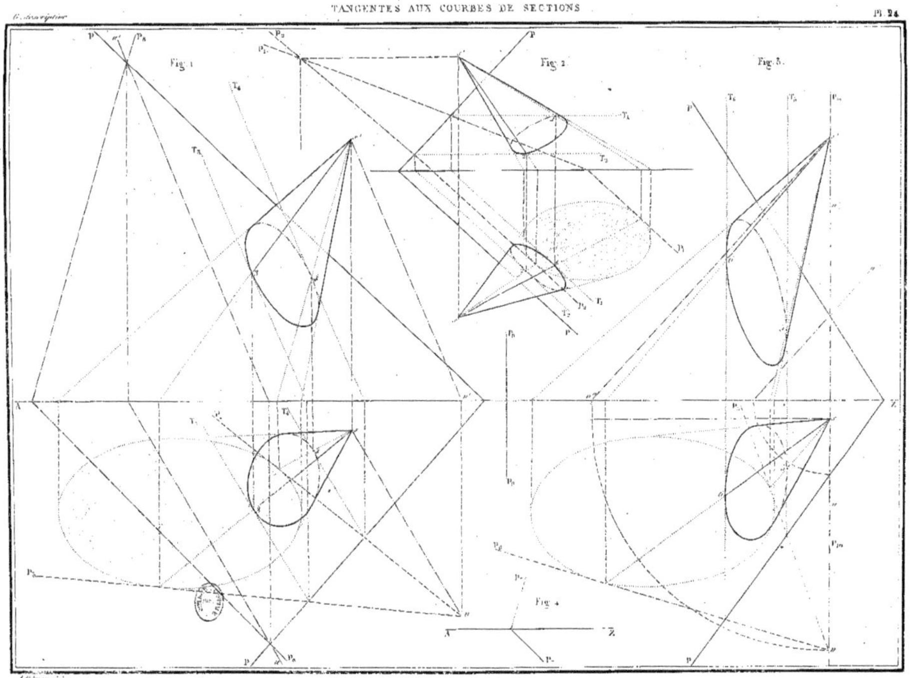
Fig. 1
Fig. 2
Fig. 3
Fig. 4

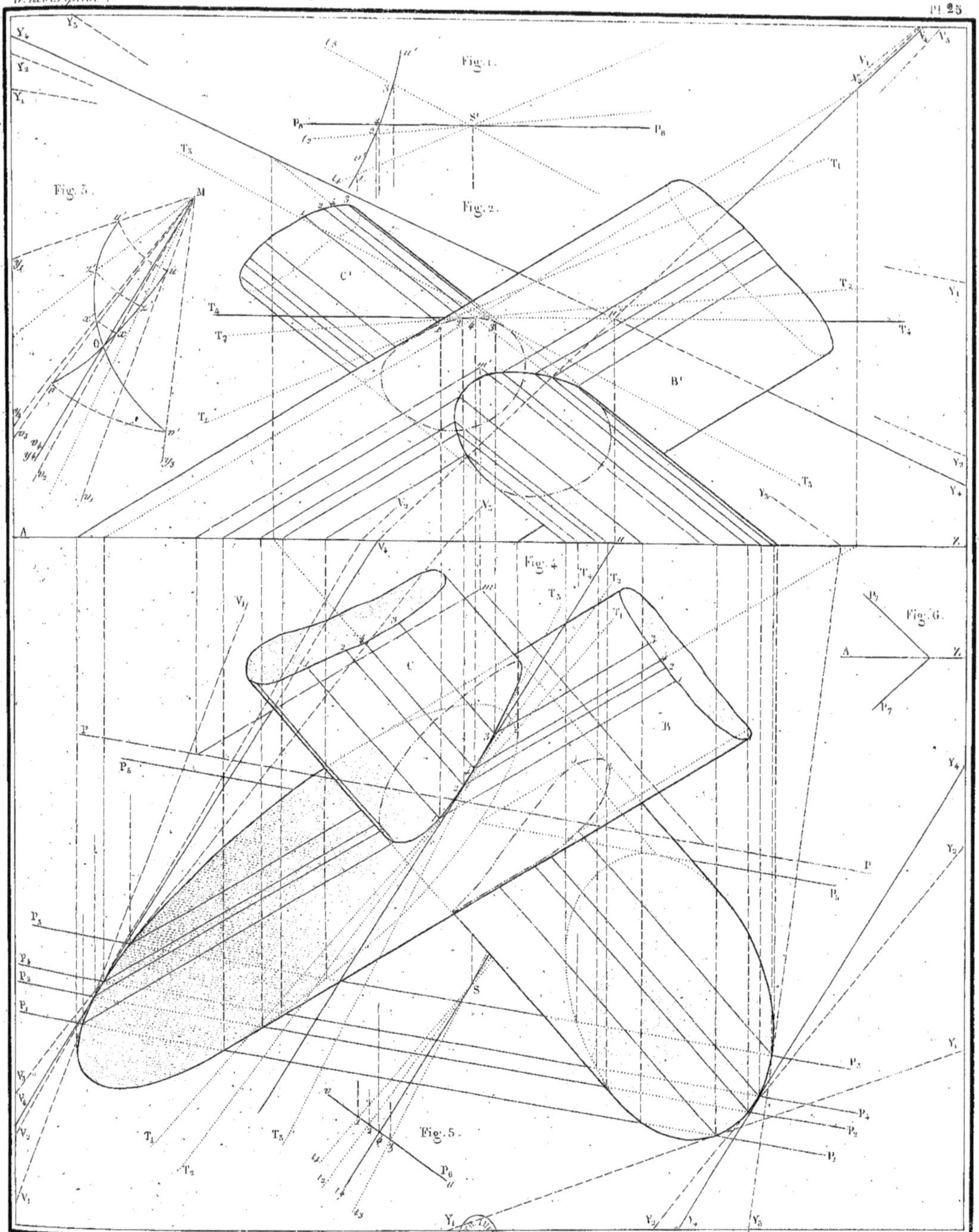

Adhémar del.

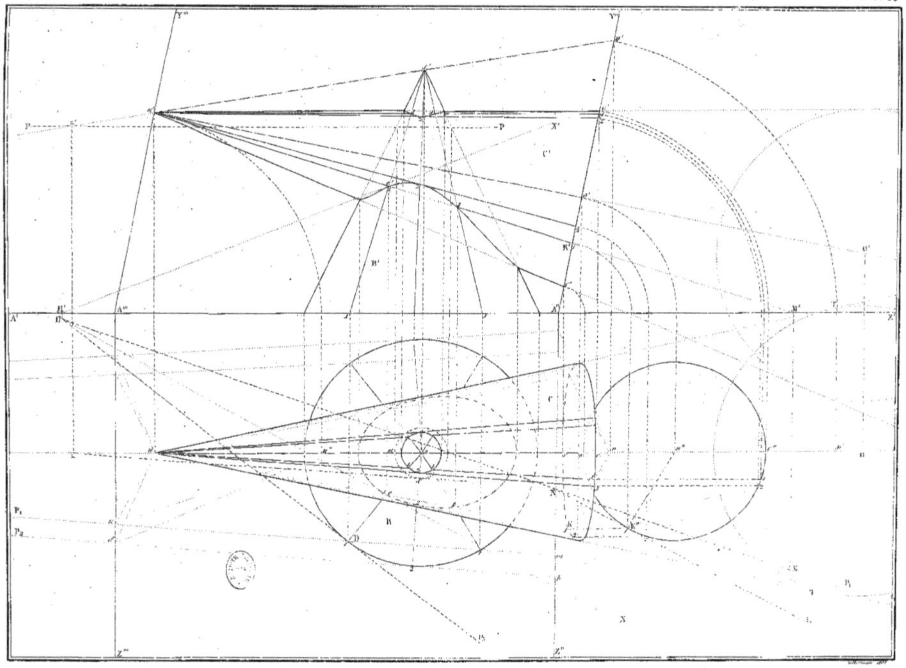

INTERSECTIONS DE CÔNES

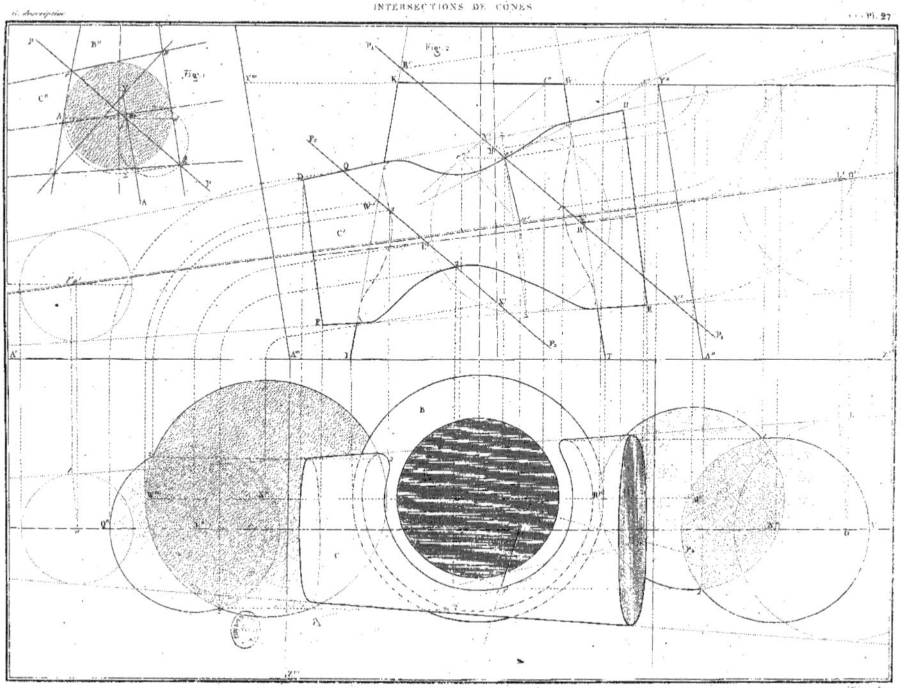

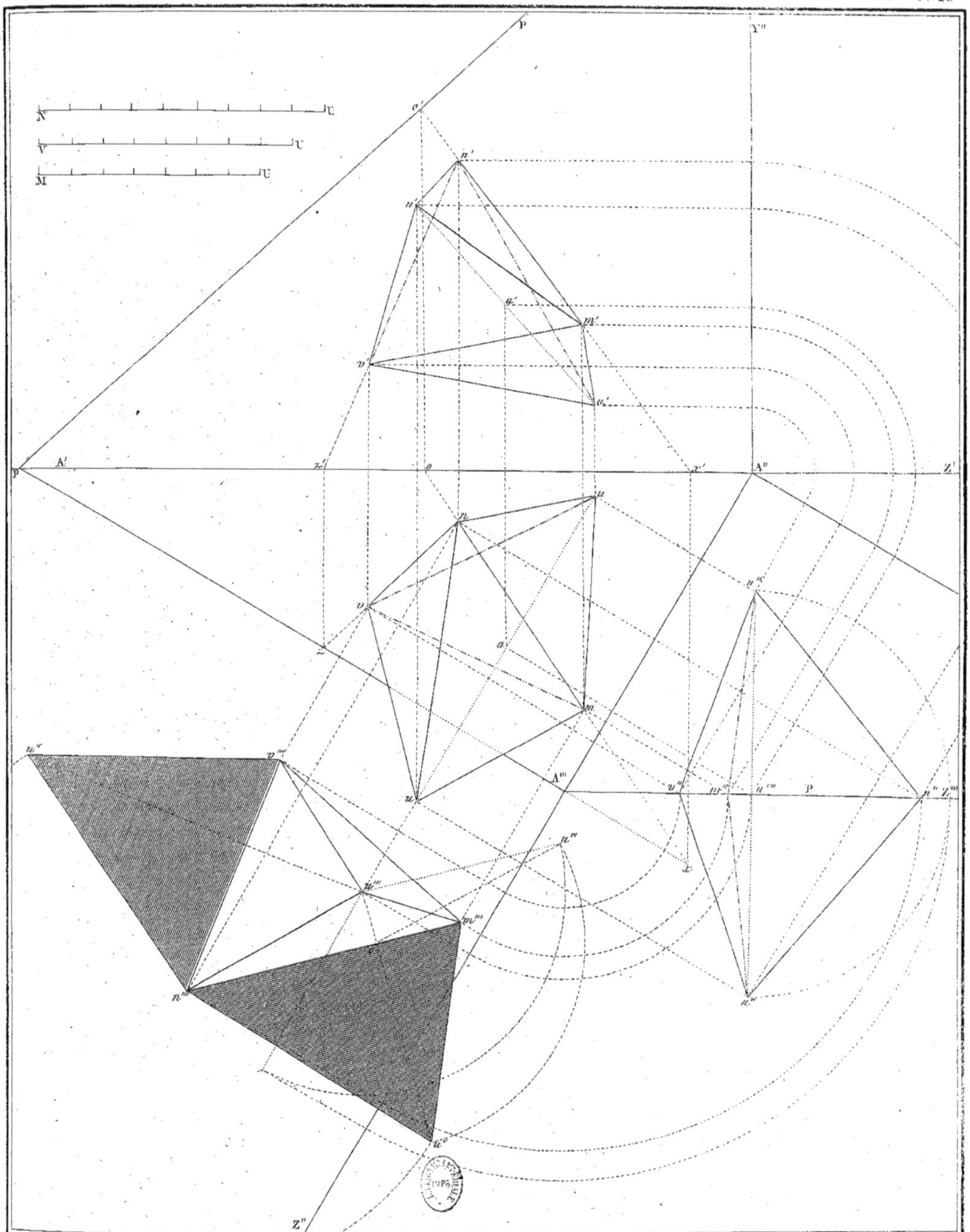

Adhémar del.

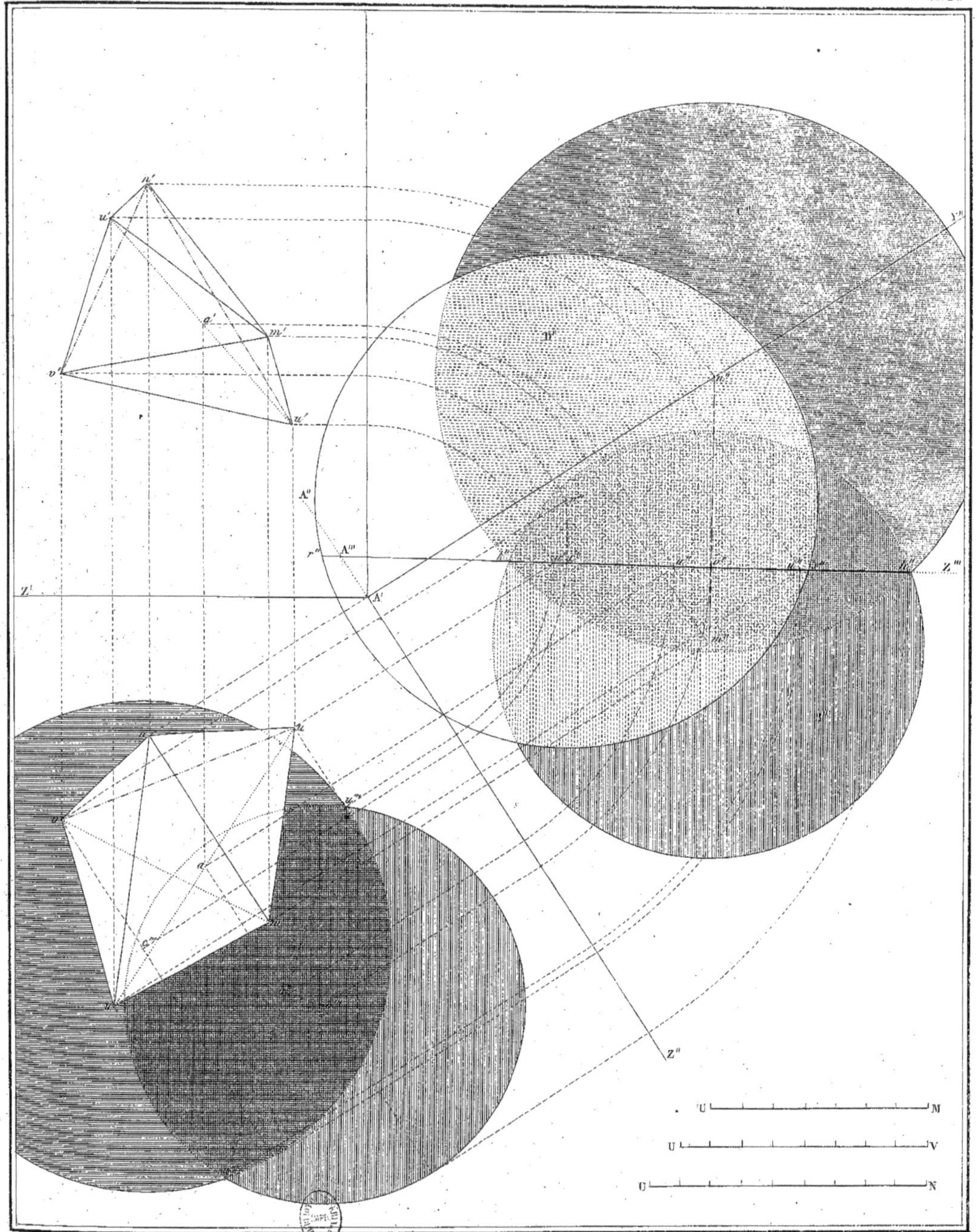

Adhémar del.

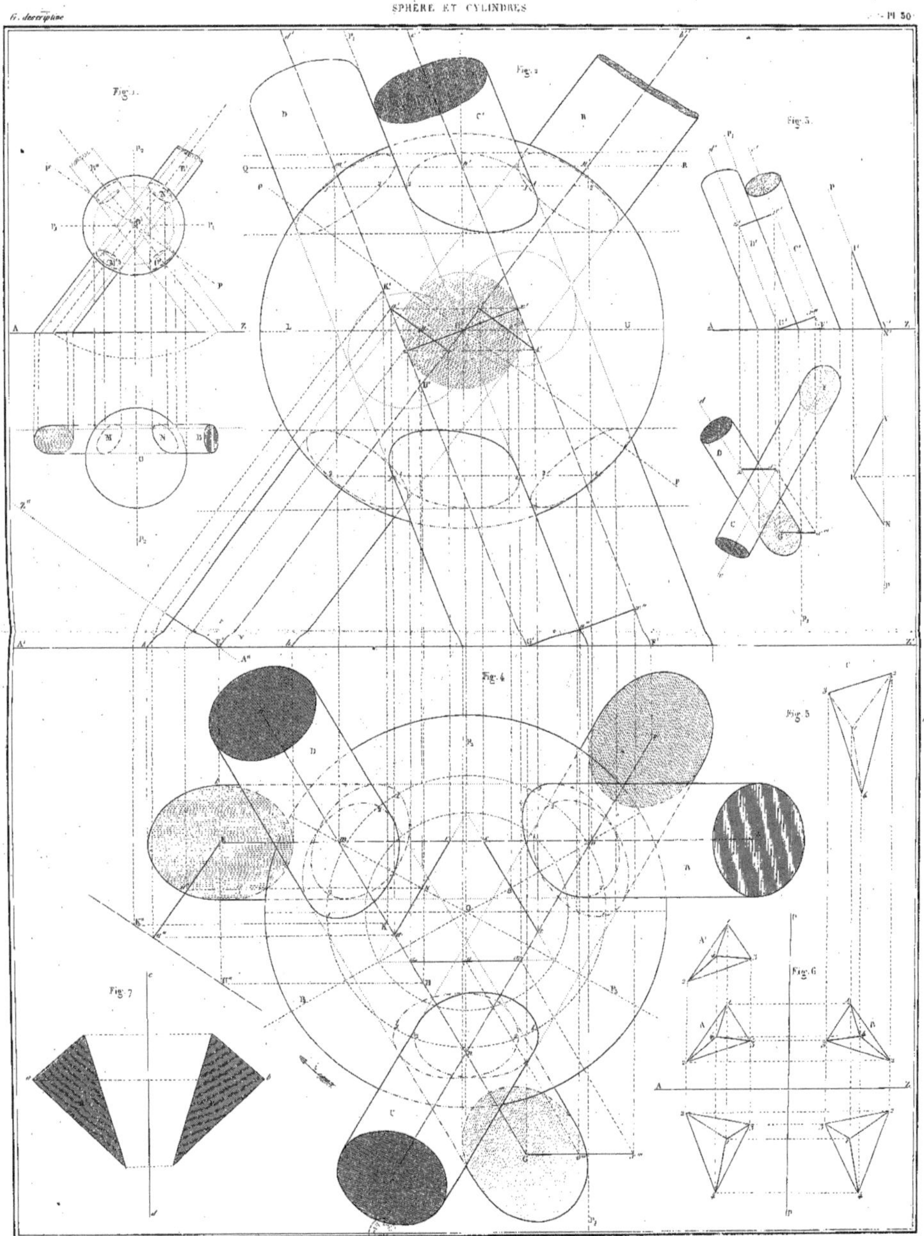
Fig. 1
Fig. 2
Fig. 3
Fig. 4
Fig. 5
Fig. 6
Fig. 7

SUPPLÉMENT.

EXTRAIT DU RECUEIL DES EXERCICES ET QUESTIONS DIVERSES.

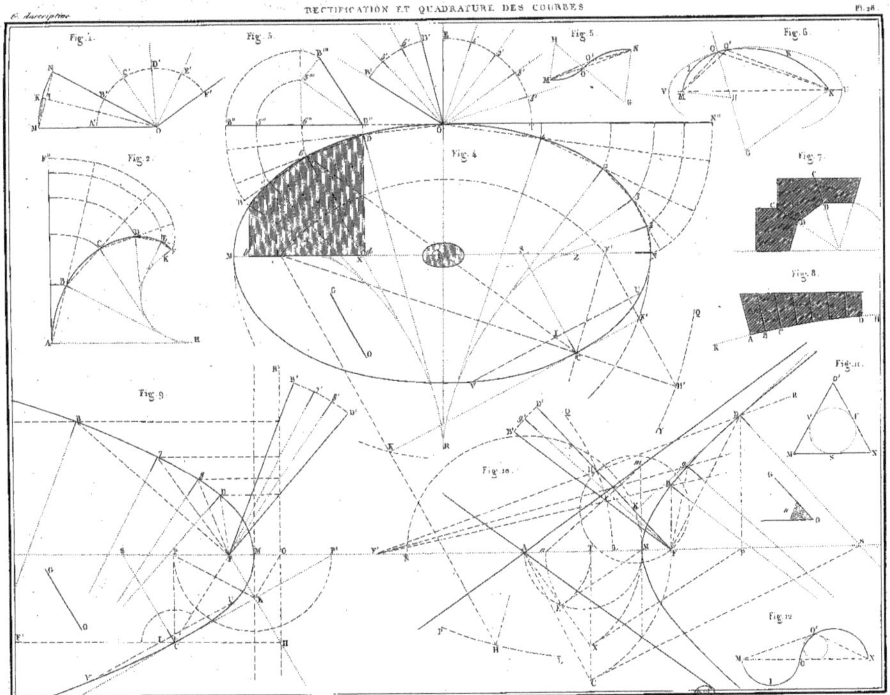

Adhémar del.

Paris. Impr. de Bigeon, 64, r. Galande.

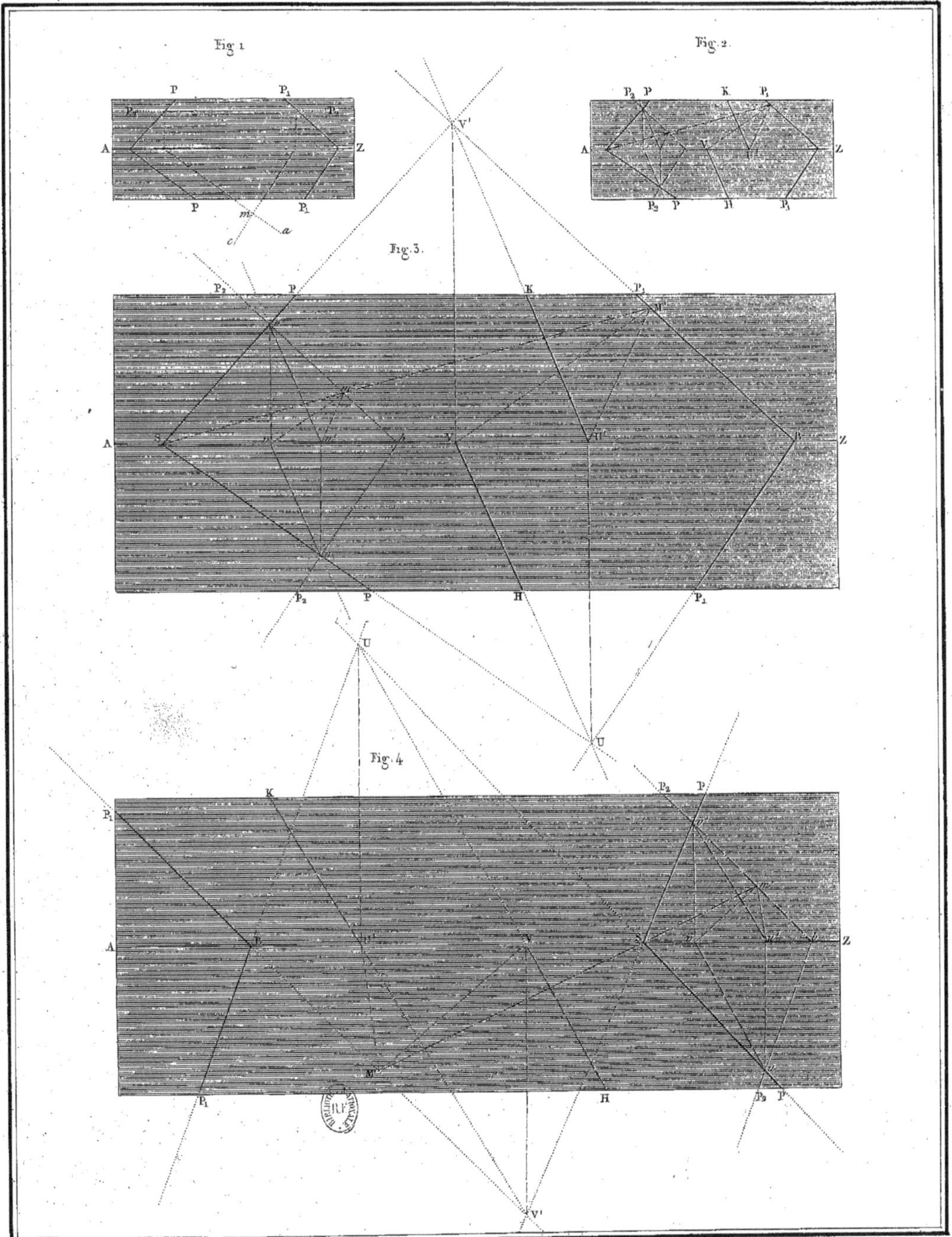

Athémar del.

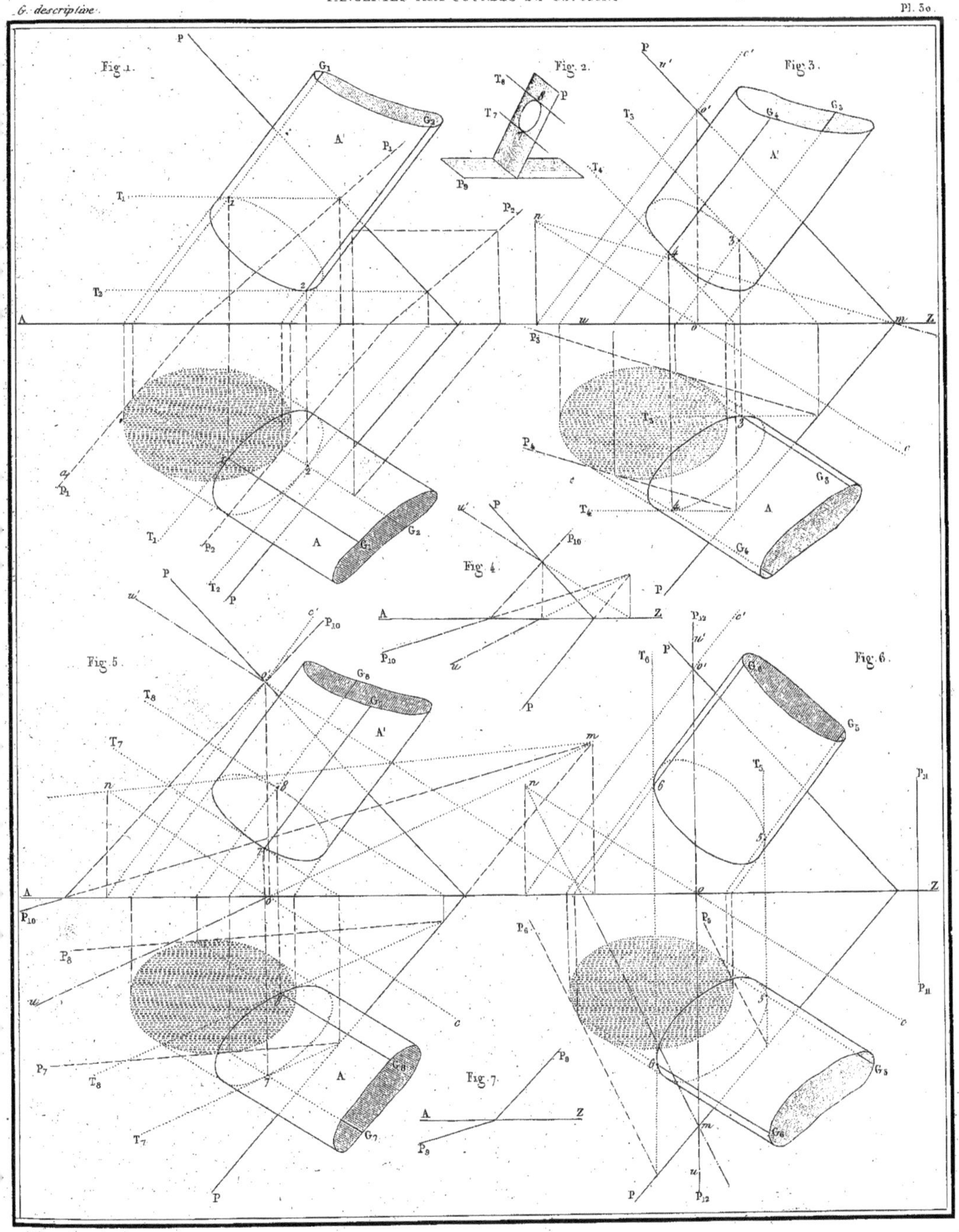

Adhémar del.

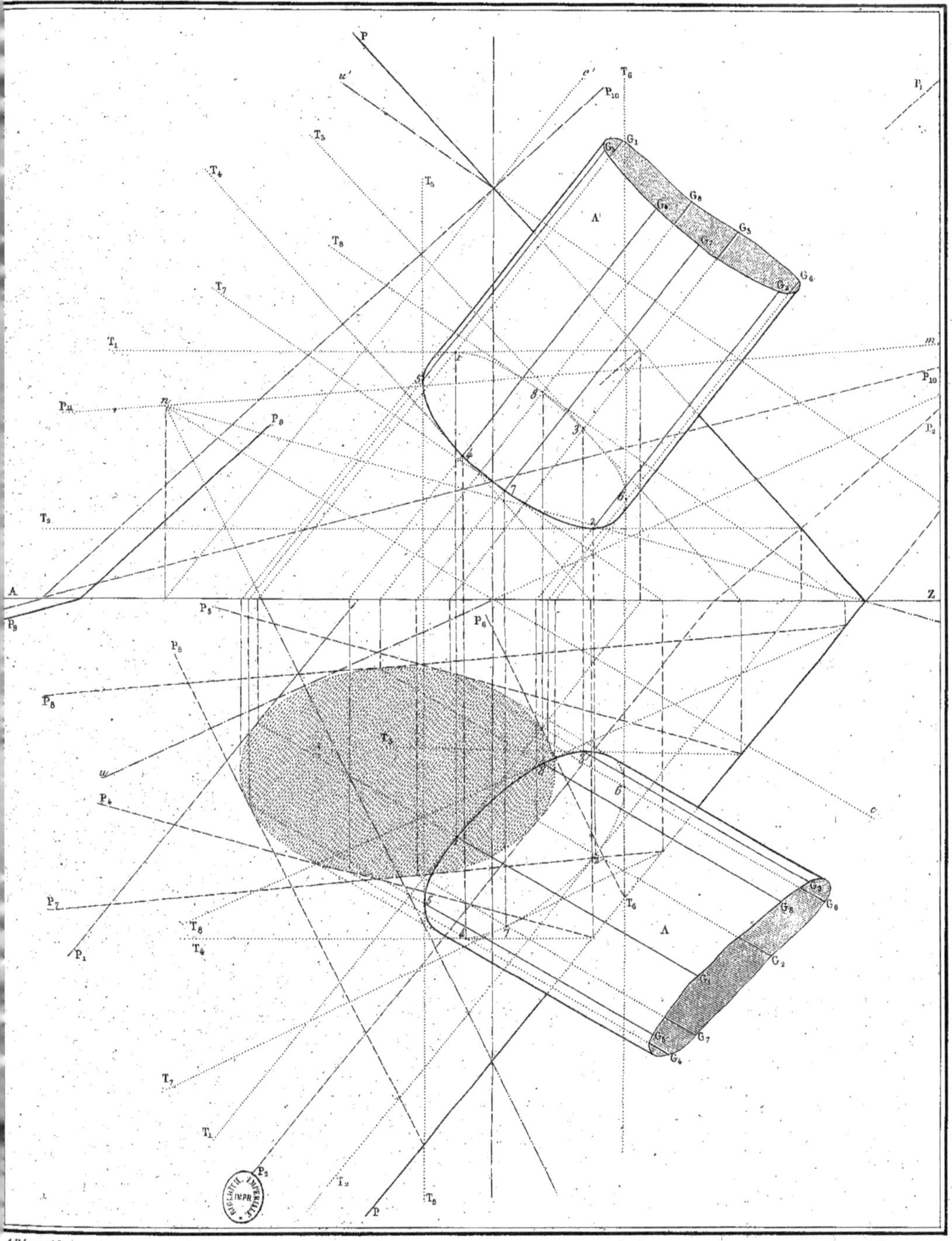

Adhémar del.

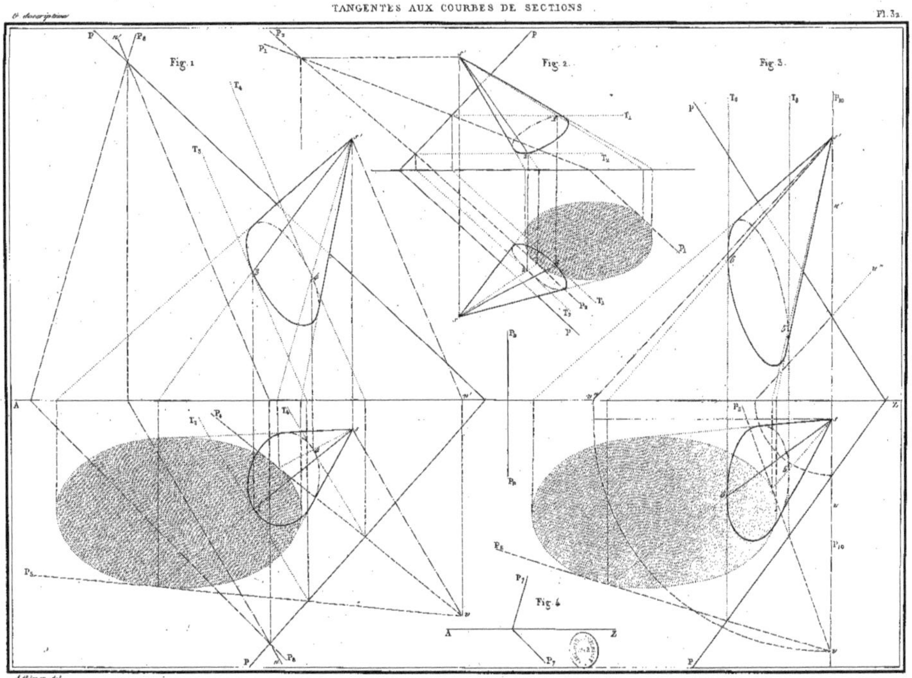

A. Bérnar del.

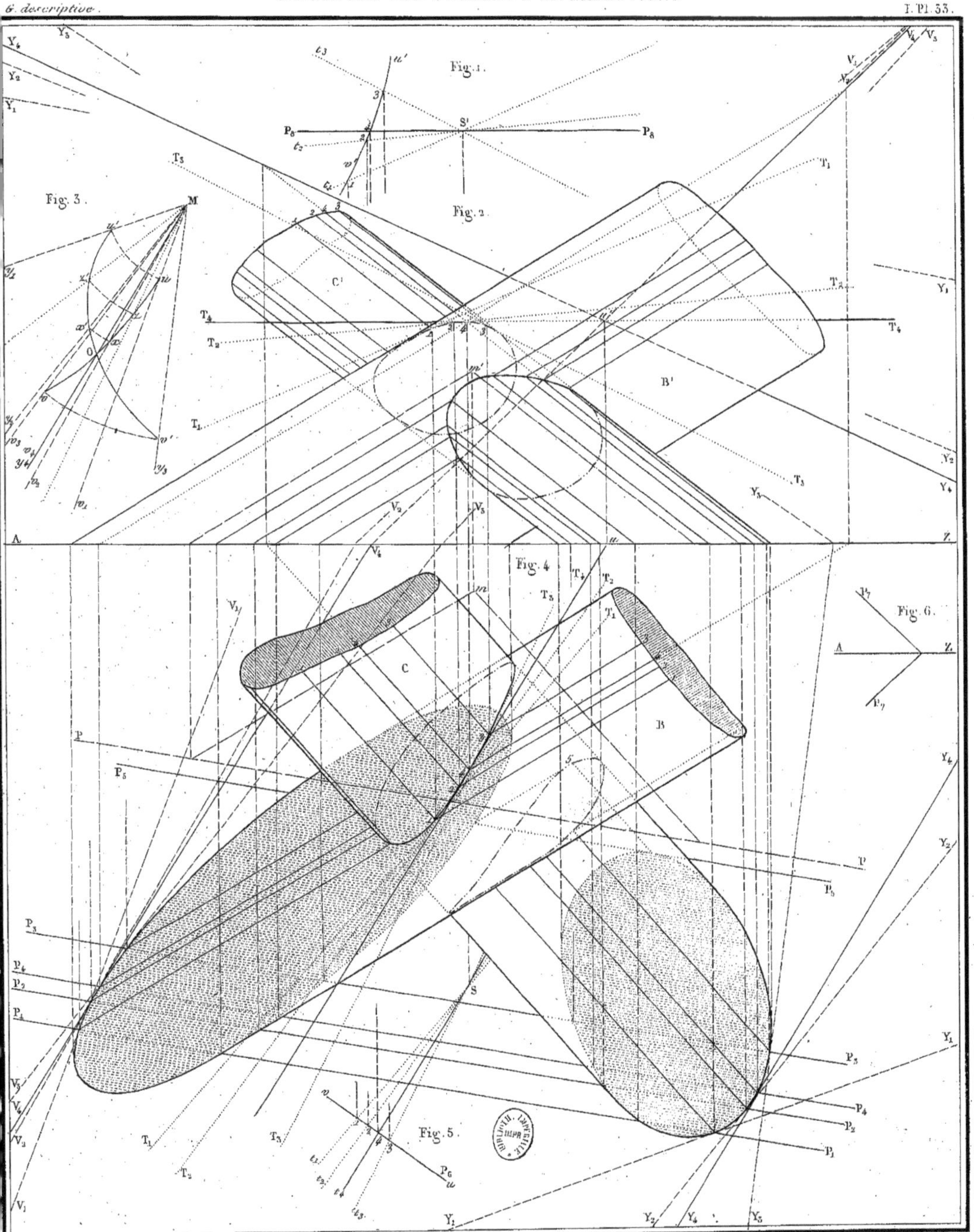

Adhémar del.

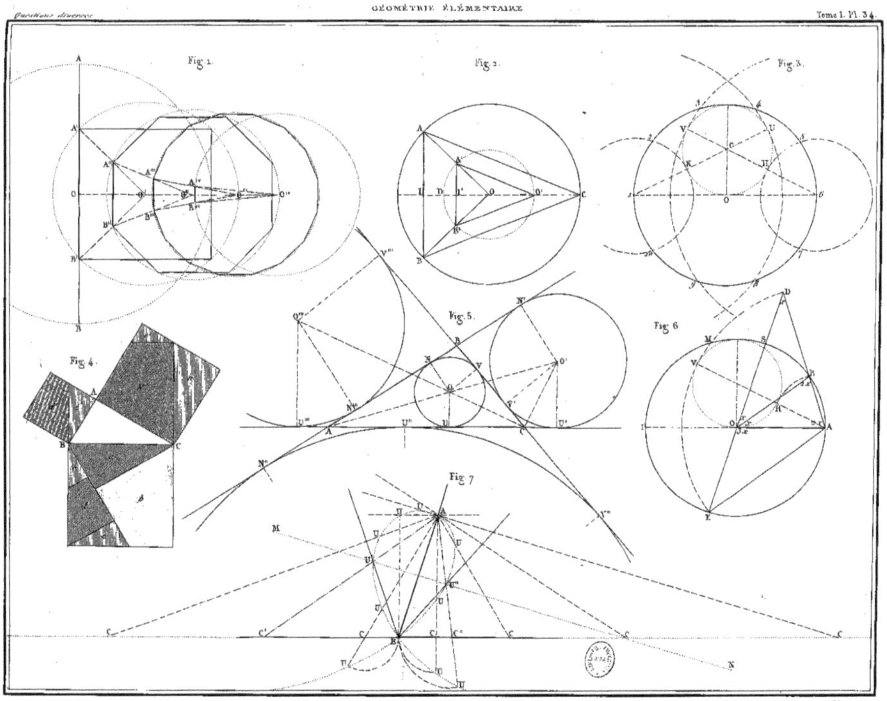

Adhémar del.

INTERSECTIONS DE CONES

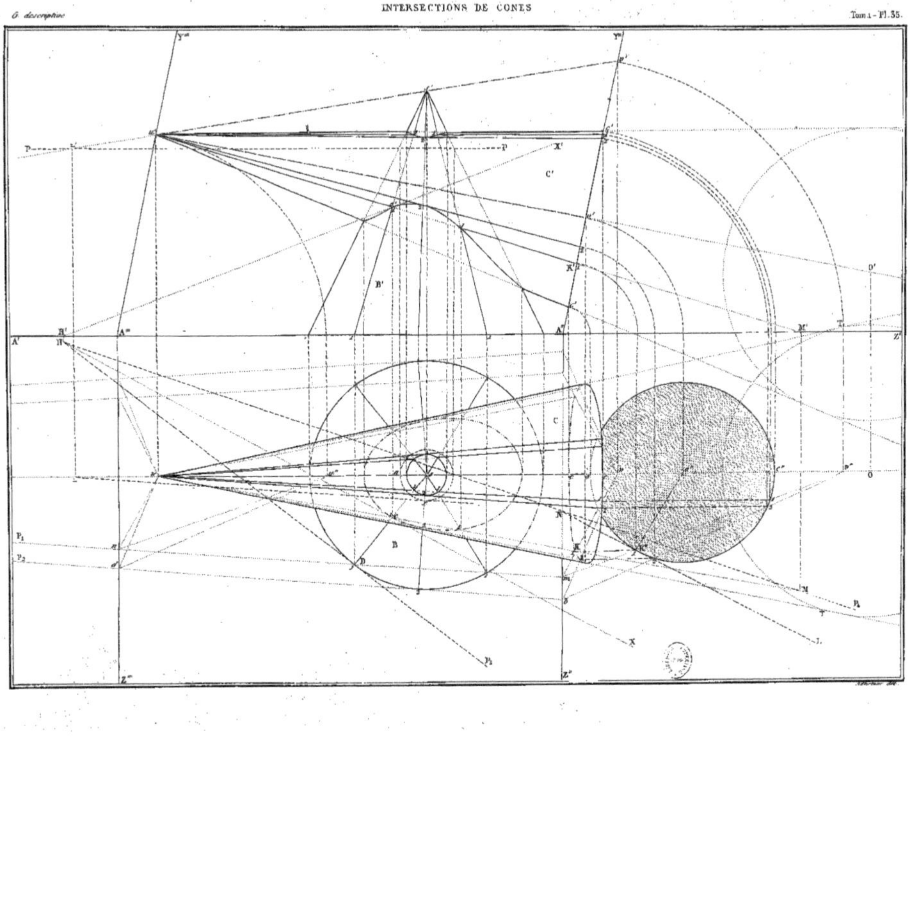

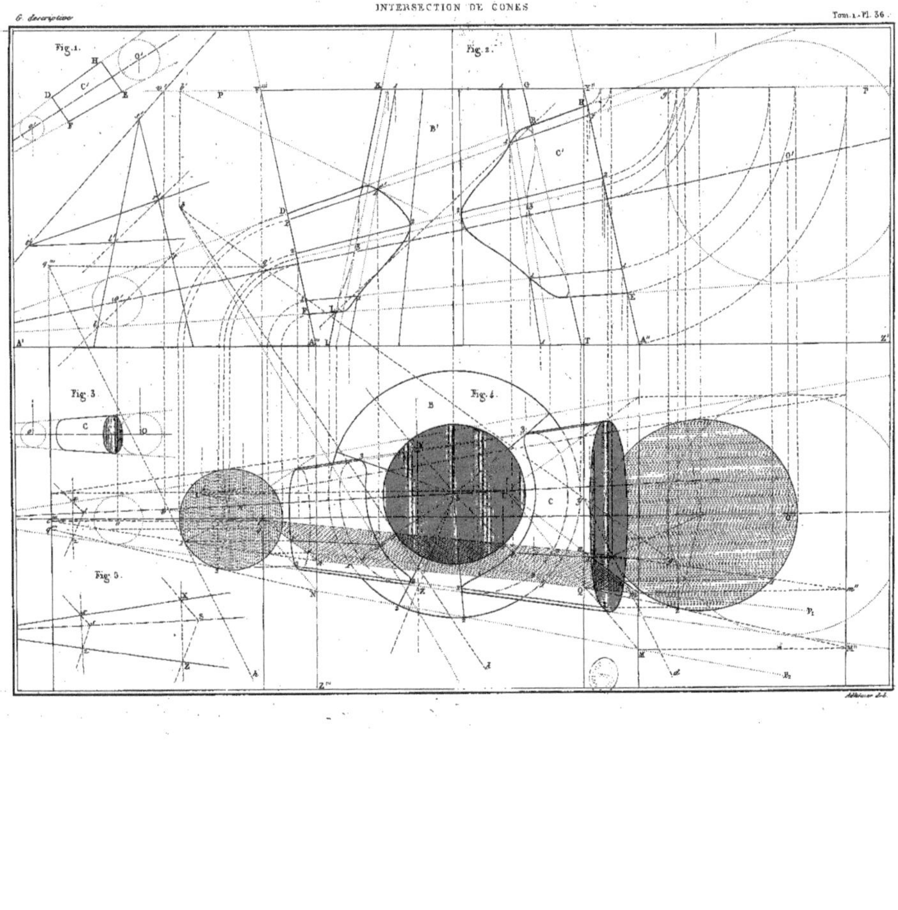

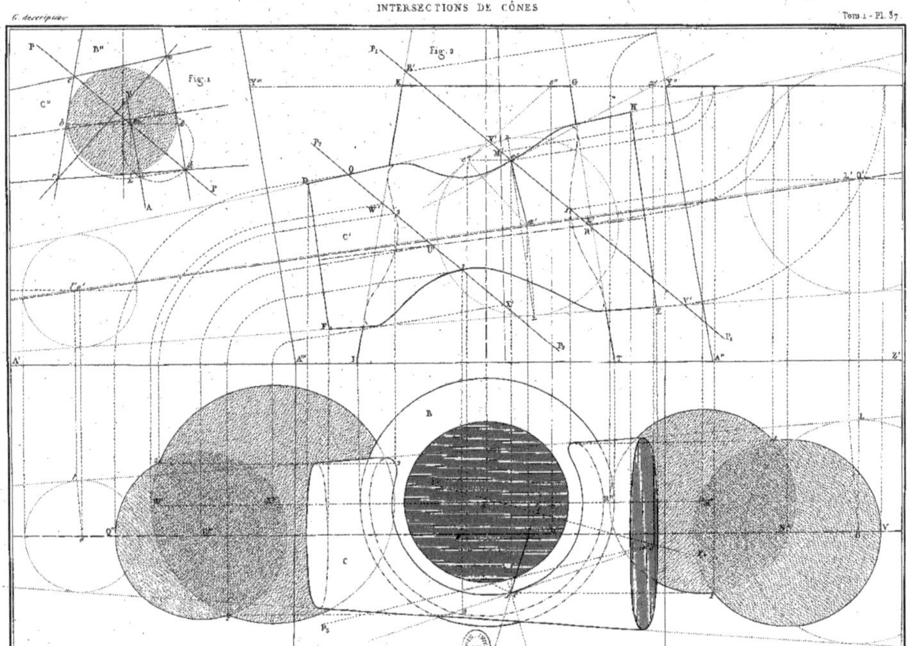

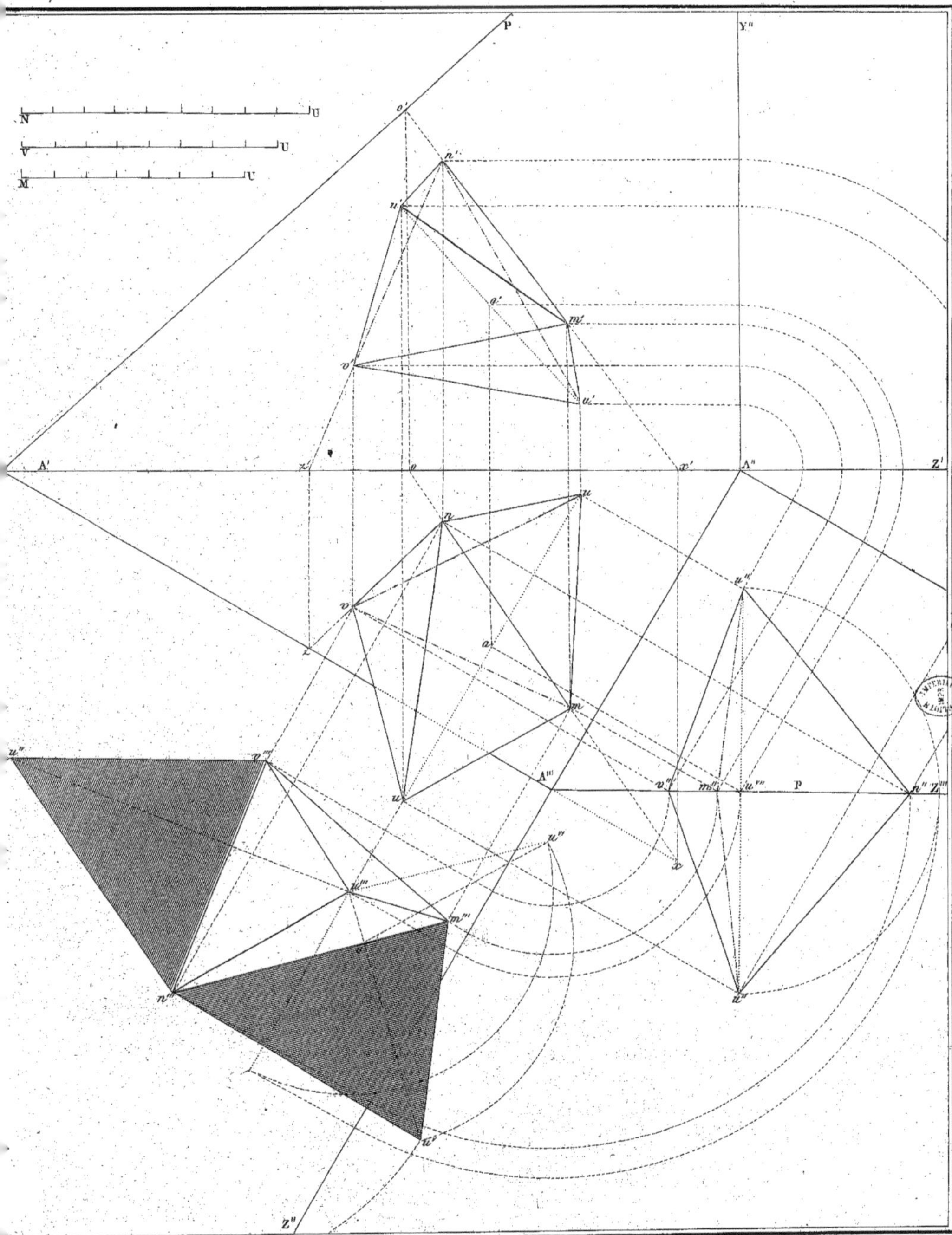

Adhémar del.

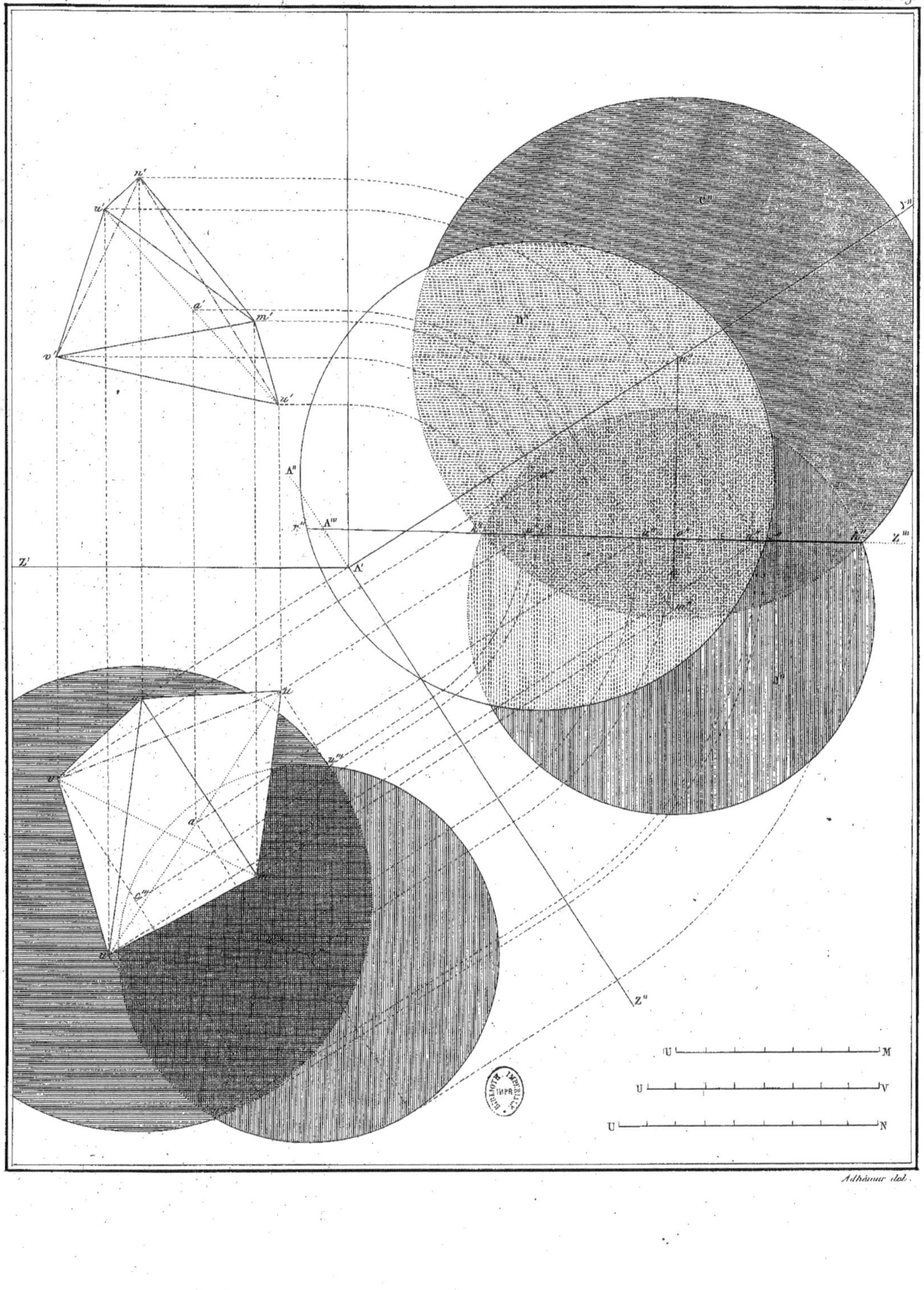

Adhémar del.

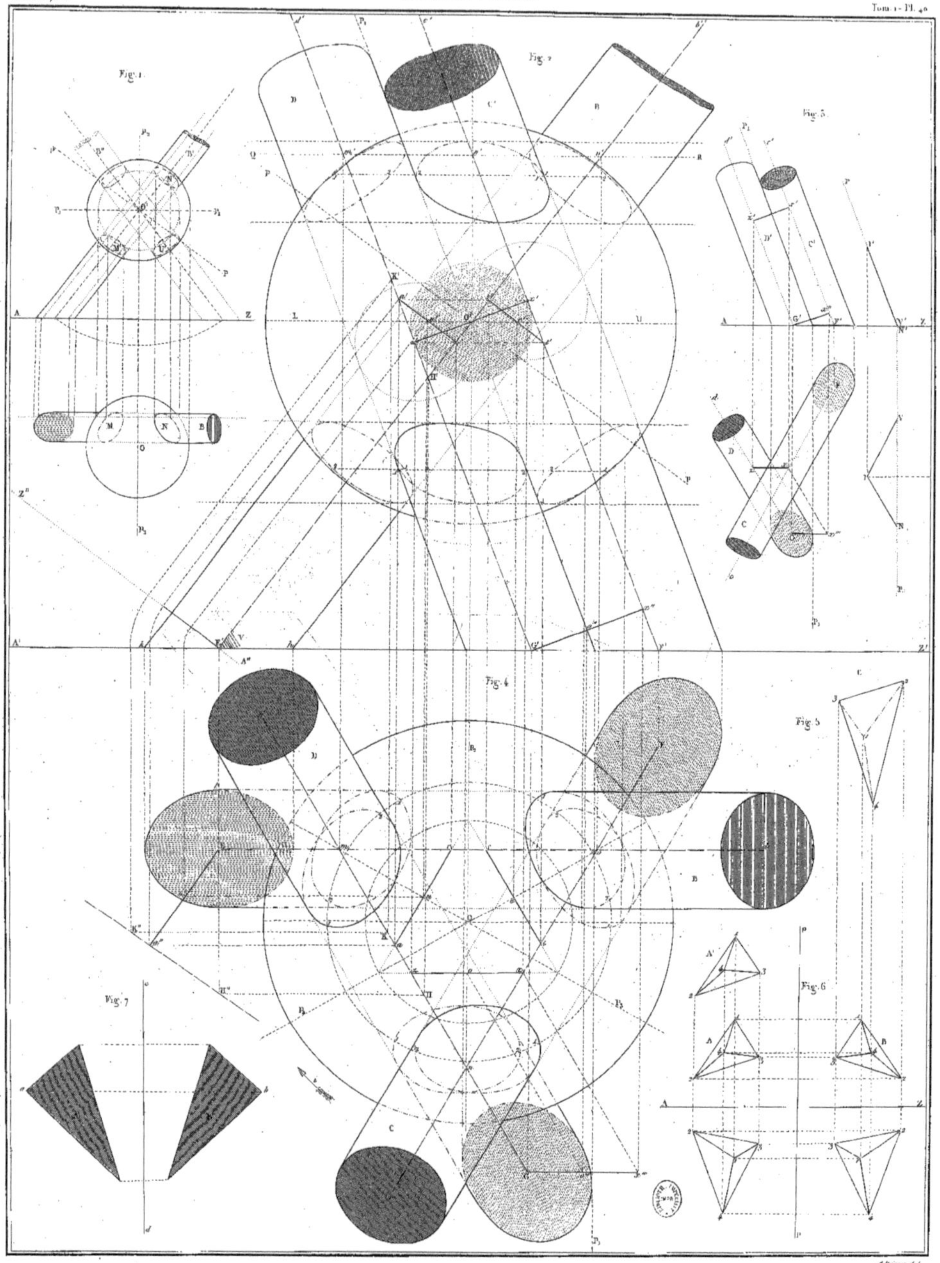
Fig. 1
Fig. 2
Fig. 3
Fig. 4
Fig. 5
Fig. 6
Fig. 7

INTERSECTIONS DE CYLINDRES

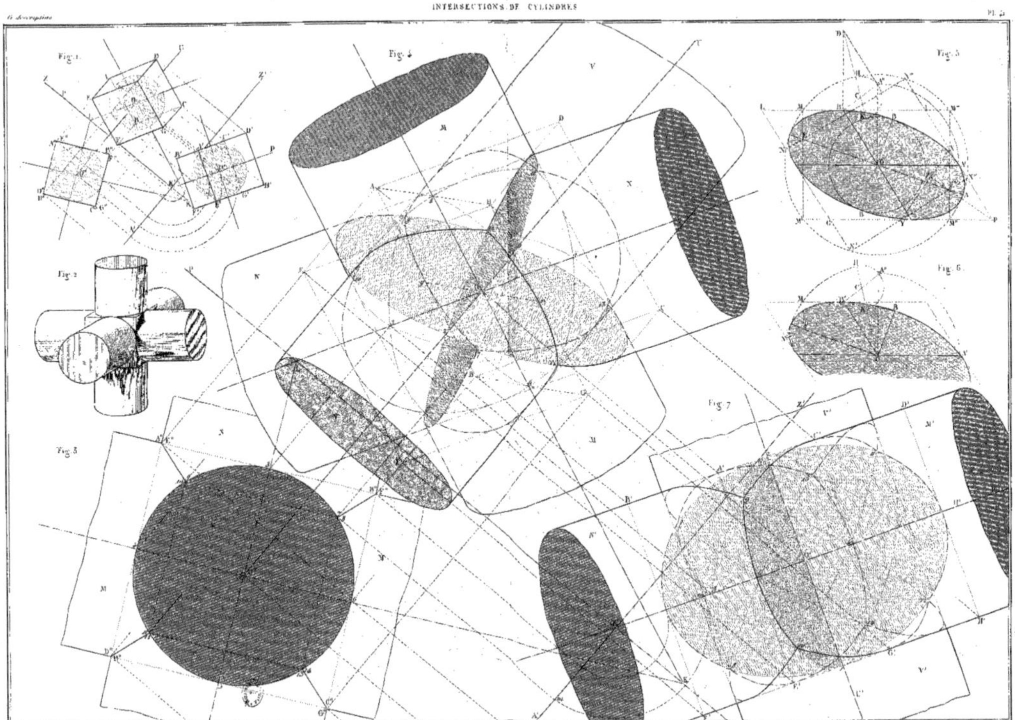

www.ingramcontent.com/pod-product-compliance
Ingram Content Group UK Ltd.
Pitfield, Milton Keynes, MK11 3LW, UK
UKHW031925260826
14628UKWH00003B/1413

9 782014 021196